Genussvoll leben
mit Schwangerschaftsdiabetes

Genussvoll leben
mit Schwangerschaftsdiabetes

Texte und Rezepte von Maren Krüger

Fotos von Ulrike Schmid und Sabine Mader

© 2013 Neuer Umschau Buchverlag,
Neustadt an der Weinstraße

www.umschau-buchverlag.de

Texte und Rezepte
Maren Krüger, Hilden
www.eb-mk.de

Fotos
Fotos mit Geschmack, Ulrike Schmid & Sabine Mader,
München
www.fotos-mitgeschmack.de
Außer auf den Seiten 10 (© iStockphoto.com/photo-
grapher Sanne Berg), 12 (© Fotowerk – Fotolia.com),
17 (© iStockphoto.com/Skynesher), 24 (© Ideenkoch –
Fotolia.com), 28 (© jd-photodesign – Fotolia.com),
35 (©iStockphoto.com/Milanfoto), 38 (© iStockphoto.
com/Janine Lamontagne Photography), 41 (© iStockpho-
to.com/Jasmina), 42 (© TheEckman – Fotolia.com) und
47 (© iStockphoto.com/Skynesher).

Lektorat
Ilka Grunenberg, Neustadt/Weinstraße

Satz und Herstellung
Kaisers Ideenreich, Neustadt/Weinstraße

Litho
Blaschke Vision, Freigericht

Druck
G. Canala & C. S.p.A.; Italien

Printed in Italy
ISBN: 978-3-86528-136-4

Während der Erstellung des Buches habe ich verschiedene diabetologische Schwerpunktpraxen besucht.
Für die Unterstützung möchte ich mich besonders bei
den Ärzten und Mitarbeiterinnen dieser Praxen bedanken.

Frau Dr. med. H. Adamczewski
Diabetes-Praxis- Partnerschaft Köln-Ost
Köln

Herr Dr. med. M. Kaltheuner
Gemeinschaftspraxis für Innere Medizin
& Diabetologie & Allgemeinmedizin
Leverkusen

Herr Dr. med. R. Bierwirth
Diabetologische Schwerpunktpraxis
Essen

Für das Vorwort danke ich
Herrn Priv-Doz. Dr. Michael Hummel,
Institut für Diabetesforschung, Helmholtz Zentrum
München

Inhalt

Rezepte

Gesundheit für Mutter und Baby

Die Schwangerschaft ist eine besonders aufregende und schöne Zeit. Wird ein Schwangerschaftsdiabetes diagnostiziert, entstehen oft Ängste und viele Fragen treten auf.

Mit diesem Buch können Ihnen Ihre Sorgen genommen und praktische Behandlungsratschläge – parallel zur Betreuung beim Diabetologen/in – vermittelt werden. Es gibt kaum eine Erkrankung, bei der allein mit einem bewussten Lebensstil innerhalb so kurzer Zeit so viel Positives für Mutter und Kind erreicht werden kann.

85 Prozent aller Frauen mit Schwangerschaftsdiabetes können allein mit einer gesunden, ausgewogenen Ernährung und etwas mehr Bewegung die Risiken der Erkrankung drastisch minimieren. Und falls doch eine zusätzliche Insulinbehandlung notwendig wird, ist auch diese heute unproblematisch durchzuführen.

Das Tolle ist, das nicht nur das Kind von der guten Behandlung und Ernährung während der Schwangerschaft letztendlich ein Leben lang profitiert, sondern auch die betroffene Frau ihr späteres Diabetesrisiko günstig beeinflussen kann. Viele Frauen erleben die während des Schwangerschaftsdiabetes erlernten, kleinen Verhaltensänderungen als so sinnvoll, dass sie diese auch nach der Entbindung beibehalten – genauso wie die leckeren Rezepte dieses Buches auch nach der Schwangerschaft sicherlich noch gerne genutzt werden. Der Diabetes allerdings „verschwindet" in der Regel mit der Entbindung wieder.

Schwangerschaftsdiabetes ist eine stark zunehmende Diagnose – inzwischen sind in Deutschland 4,4 Prozent der Schwangerschaften betroffen (und bei weiteren 1 Prozent besteht bereits vor der Schwangerschaft ein Diabetes). Dies ist vor allem durch das zunehmend höhere Gewicht und das höhere Alter bei Schwangerschaftseintritt bedingt. Viele Jahre kämpfte die Deutsche Diabetes Gesellschaft DDG und diabetesDE für ein generelles Screening auf Schwangerschaftsdiabetes. Seit 2012 ist diese Untersuchung nun endlich in die Mutterschaftsrichtlinien aufgenommen und eine Regelleistung der Krankenkasse geworden. So können die Diabetologen und Gynäkologen die Erkrankung nun nicht nur hervorragend behandeln, sondern auch flächendeckend rechtzeitig entdecken.

Ich wünsche Ihnen alles Gute für Ihre Schwangerschaft und das Baby,

Ihr Priv.-Doz. Dr. Michael Hummel
Sprecher der AG Diabetes und Schwangerschaft der DDG

So lecker lässt es sich leben

Schwangerschaftsdiabetes bedeutet doppelt so gut und doppelt so gesund zu essen und zu trinken. Und das kann ganz einfach sein. Für die Zubereitung der Gerichte in diesem Buch müssen Sie keine Spitzenköchin sein. Alle Rezepte sind leicht und schnell zuzubereiten. Sie entsprechen den aktuellen wissenschaftlichen Empfehlungen für eine Ernährung, die gesund und fit hält – Sie und Ihre ganze Familie.

Die Zutaten sind frisch und voller gesunder Nährstoffe. Sie müssen für den Einkauf nicht ins Feinkostgeschäft. Sie bekommen alles, was Sie zur Zubereitung brauchen, im Supermarkt oder auf dem Wochenmarkt. Die Rezepte sind als Anregung für Sie gedacht. Sie können die Frühstücksvorschläge auch abends zu sich nehmen oder die Vorspeisen als Zwischenmahlzeit genießen. Tauschen Sie die Gemüsesorten aus und variieren Sie die Gewürze. Gönnen Sie sich jeden Tag mindestens zwei kleine Zwischenmahlzeiten. Sie sorgen für einen regelmäßigen Energie- und Nährstoffnachschub und einen ausgeglichenen Blutzuckerspiegel. Ideal dafür sind Vollkorn-Getreideprodukte, Milch oder Milchprodukte, Nüsse oder Studentenfutter, frisches Obst oder Gemüserohkost. Wenn ein warmes Gericht mittags nicht in Ihren Tagesablauf passt, spricht nichts dagegen, es abends in Ruhe zuzubereiten.

Gemüse und Salat haben aufgrund ihres hohen Gehalts an Wasser und Ballaststoffen so gut wie keine Wirkung auf den Blutzucker. Deshalb wurden sie bei der Ermittlung der KE bzw. BE nicht berücksichtigt. Bei großem Appetit können Sie also bedenkenlos die Gemüseportion vergrößern oder zusätzlich einen knackig frischen Salat dazu essen. Bei Hülsenfrüchten wie Erbsen, Bohnen oder Linsen ist die Wirkung auf den Blutzucker individuell verschieden. Oft machen sie sich im Blutzucker erst nach dem Genuss der zweiten Portion bemerkbar. Probieren Sie es aus, indem Sie Ihren Blutzuckerwert eine Stunde nach dem Essen messen.

Wenn die Rezepte keine Beilage enthalten, gönnen Sie sich dazu ein Brötchen, eine Scheibe Brot, Laugengebäck oder eine Getreidestange. Greifen Sie dabei möglichst oft zur Vollkornvariante. Das ist besser für Ihren Blutzucker. Stimmen Sie die Portionsgröße auf Ihren Bedarf an Kohlenhydraten ab (siehe dazu auch Seite 31). Eine spezielle Diabetesdiät gibt es nicht mehr. Genießen Sie Ihre Lieblingsrezepte aus diesem Buch auch nach der Schwangerschaft, wenn der Diabetes verschwunden ist.

Viel Spaß beim Kochen und guten Appetit!

Maren Krüger

Genussvoll leben
mit Schwangerschaftsdiabetes

HERZLICH WILLKOMMEN! HIER SIND SIE RICHTIG!

Sie sind schwanger. Eine wunderschöne und aufregende Zeit liegt vor Ihnen. Sie freuen sich mit Ihrem Partner auf das Baby, das in wenigen Monaten schon in Ihren Armen liegen wird. Genießen Sie gemeinsam die nächsten Monate der Schwangerschaft, denn Ihr Befinden spürt auch Ihr Baby. Wenn es Ihnen gut geht, geht es auch Ihrem Baby gut.

Bei Ihnen hat der Arzt eine Besonderheit festgestellt. Die Blutzuckerwerte sind zu hoch, Sie haben Schwangerschaftsdiabetes. Das bedeutet: Ihr Körper braucht jetzt viel Aufmerksamkeit und Pflege. Denn Sie tragen eine besondere Verantwortung, für sich selbst und für Ihr Baby. Schwangerschaftsdiabetes lässt sich gut behandeln. Die wichtigste Behandlungsmaßnahme heißt „besser essen, mehr bewegen". 80 Prozent aller Frauen bekommen allein durch eine Änderung Ihres Lebensstils den Blutzucker in den Griff. Und nicht nur das! Sie fühlen sich wohl, fit, aktiv und genießen eine unbeschwerte Schwangerschaft.

Ein gesunder Lebensstil tut auch dem Baby gut, selbst wenn es noch gar nicht geboren ist. Ihr Baby wird sozusagen von Ihnen „programmiert". Sie können zwar nicht beeinflussen, ob es blaue Augen oder dunkle Haare bekommt. Aber mit der richtigen Ernährung und regelmäßiger Bewegung können Sie dafür sorgen, dass sich Ihr Baby gesund entwickelt, nicht nur jetzt in Ihrem Bauch, sondern auch als Kind, als Jugendlicher und als Erwachsener. Mit einem gesunden Lebensstil in der Schwangerschaft können Sie Ihr Baby vor Übergewicht, vor Diabetes und vor anderen gesundheitlichen Störungen im späteren Leben schützen.

DIESER RATGEBER ZEIGT IHNEN, WIE´S GEHT

Von Ihren Ärzten und den Diabetesberaterinnen haben Sie schon viel über den Schwangerschaftsdiabetes erfahren, haben gelernt, wie Sie den Blutzucker selbst messen können oder vielleicht auch das Insulin als „Blutzuckersenker" zu spritzen. Im Mittelpunkt dieses Buches stehen weniger medizinische Informationen, sondern praktische Tipps und Ratschläge rund um einen Lebensstil, der Ihnen und Ihrem Baby jetzt besonders gut tut.

Die leckeren und leichten Rezepte im zweiten Teil dieses Buches sollen Ihnen zeigen, wie einfach es ist, den Blutzucker im Griff zu behalten und trotzdem genussvoll schlemmen zu können. Und die beste Nachricht ist: Diese Empfehlungen für eine gesunde Ernährung sind auch nach der Schwangerschaft noch genau richtig für Sie, sogar für die ganze Familie.

Während der Arbeit an diesem Buch habe ich viele Arztpraxen besucht und an Schulungsveranstaltungen für Frauen mit Schwangerschaftsdiabetes teilgenommen. Ich habe gesehen, wie viel Sie in wenigen Wochen lernen und umsetzen müssen. Das erfordert viel Engagement und manchmal auch Disziplin. Aber ich kann Ihnen versprechen, es lohnt sich. Kaum zu glauben, aber bei vielen

Es gibt Antworten auf Fragen wie: „Warum ist es wichtig, sechsmal am Tag etwas zu essen?!" – „Was bestelle ich mir im Restaurant?" – „Gibt es gute und schlechte Kohlenhydrate?" – „Darf ich jetzt nichts mehr naschen?" – „Darf ich noch Sport treiben?" oder „Was koche ich für meine Familie?"

Frauen kommen mit der Diagnose Schwangerschaftsdiabetes Genuss und Freude ins Leben. Das liegt daran, dass Sie sich intensiv um das eigene und das Wohlbefinden des Babys kümmern. Sie erkennen, wie viel Spaß es macht, gut zu essen, zu trinken und aktiv zu leben.

DAS WICHTIGSTE VORWEG

Es ist ganz natürlich, dass die Diagnose Schwangerschaftsdiabetes Fragen, manchmal auch Sorgen und Ängste hervorruft. Wenn Sie gut auf sich achten und so die Ärzte bei der Behandlung aktiv unterstützen, können Sie die nächsten Monate unbeschwert genießen und Ihr Baby wird gesund auf die Welt kommen. Hier die Antworten auf die drängensten Fragen vorweg:

1. Bin ich auch nach der Schwangerschaft noch zuckerkrank?

Nein, am Tag nach der Entbindung ist der „Zauber" vorbei. Bei den allermeisten Frauen gehen die Blutzuckerwerte nach der Schwangerschaft auf ein normales Niveau zurück.

2. Ist mein Kind nach der Entbindung auch zuckerkrank?

Nein, und es wird auch gesund bleiben, wenn Sie von Anfang an auf eine gesunde Ernährung und viel Bewegung achten.

3. Sollen alle schwangeren Frauen einen Test auf Schwangerschaftsdiabetes machen?

Ja, zum eigenen Schutz sollten alle schwangeren Frauen einen Test machen lassen. Seit März 2012 ist dieser Test Bestandteil der ärztlichen Mutterschaftsrichtlinien. Das bedeutet, die Kosten dafür werden von den Krankenkassen übernommen.

4. Müssen alle Frauen mit Schwangerschaftsdiabetes Insulin spritzen?

Nein, die meisten Frauen mit Schwangerschaftsdiabetes bekommen allein mit dem richtigen Speiseplan und jeden Tag Bewegung ihren Blutzucker in den Griff. Bei wenigen Frauen reichen diese Maßnahmen nicht aus. Dann zeigen der Arzt und sein Diabetesteam Ihnen den Umgang mit dem Insulin.

5. Kann ich mein Baby stillen?

Ja, je länger desto besser. Die Empfehlung lautet mindestens bis zum Beginn des 5. Monats voll stillen. Muttermilch ist die beste Nahrung für Ihr Baby.

6. Muss ich eine besondere Diät einhalten oder darf ich alles essen?

Sie dürfen fast alles essen. Gerade jetzt ist es sehr wichtig, dass Sie bunt und abwechslungsreich essen und trinken, damit Sie und Ihr Baby genügend Energie und alle lebenswichtigen Nähr- und Vitalstoffe bekommen. Es kommt nur auf die richtige Dosierung an!

7. Kann die Zuckerkrankheit im späteren Leben noch einmal auftauchen?

Ja! Frauen mit Gestationsdiabetes haben in den Jahren nach der Schwangerschaft ein hohes Risiko, an Diabetes mellitus Typ 2 zu erkranken. Aber Sie können vorbeugen, mit einem gesunden Lebensstil! In diesem Buch erfahren Sie, wie´s geht.

WIE KOMMT DER ZUCKER INS BLUT?

Eine gewisse Menge Zucker im Blut ist lebensnotwendig. Wäre kein Zucker im Blut, könnten wir nicht denken, die Muskeln wären schlaff und müde und die Organe könnten ihre Arbeit nicht tun. Zucker ist der wichtigste Energielieferant des Körpers.

Zucker bekommt der Körper nicht nur aus der Zuckerdose oder dem Marmeladenglas. Auch Brot, Nudeln, Reis und Milch sind Zuckerlieferanten. Diese Lebensmittel enthalten viele Kohlenhydrate, die im Dünndarm zu einzelnen Zuckerbausteinen aufgespaltet werden. Der Dünndarm gibt den Zucker in die Blutbahnen ab, die ihn zu den Körperzellen bringen.

Immer wenn wir Kohlenhydrate zu uns nehmen, steigt der Blutzucker an. Das können Sie selbst mit einem Blutzuckermessgerät messen. Schon eine Stunde nach jeder Mahlzeit werden Sie einen Anstieg des Blutzuckerspiegels beobachten. Beim Transport des Zuckers in die Zellen, braucht der Körper Hilfe. Er braucht Insulin. Das Hormon Insulin wird in der Bauchspeicheldrüse gebildet, sobald die Zuckermenge im Blut ansteigt. Es wird mit dem Blut zu den Zellen befördert und gibt dort das Signal, die Zelltüren für die Zuckeraufnahme zu öffnen. Der Zucker wandert in die Zelle, der Blutzuckerspiegel sinkt.

Nehmen Sie viele Kohlenhydrate zu sich, wird viel Insulin produziert, gestalten Sie Ihren Speiseplan eher kohlenhydratarm, schüttet die Bauchspeicheldrüse wenig Insulin aus. Bei gesunden Menschen sorgt das Insulin dafür, dass der Blutzuckerspiegel nicht unter 60 Milligramm pro Deziliter (mg/dl) sinkt (morgens nüchtern) und nach dem Essen nicht über 140 Milligramm pro Deziliter (mg/dl) ansteigt.

Insulin braucht der Körper, damit der Zucker aus dem Blut in die Zellen gelangt.

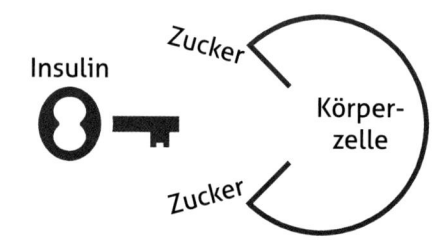

CHECKLISTE
10 PUNKTE FÜR EINEN GESUNDEN LEBENSSTIL BEI DIABETES IN DER SCHWANGERSCHAFT

1. Nehmen Sie an einer Schulung für Schwangere mit Gestationsdiabetes bei einem Diabetesfacharzt (Diabetologe) teil.

2. Wiegen Sie sich einmal pro Woche und achten Sie auf Ihre Gewichtszunahme. Mehr dazu auf Seite 23.

3. Achten Sie bei den Kohlenhydraten auf beste Qualität. Bevorzugen Sie kohlenhydrathaltige Lebensmittel mit einem niedrigen glykämischen Index, die Ihren Blutzucker nicht so hoch ansteigen lassen. Mehr dazu auf Seite 26–27.

4. Genießen Sie fünf bis sechs Mahlzeiten am Tag. Mehr dazu auf Seite 30.

5. Wählen Sie hochwertige Fette aus! Mehr dazu auf Seite 34.

6. Genießen Sie regelmäßig fettarme eiweißreiche Lebensmittel. Mehr dazu auf Seite 32.

7. Trinken Sie jeden Tag mindestens 1,5 Liter kalorienfreie bzw. -arme Getränke. Mehr dazu auf Seite 39.

8. Trinken Sie keinen Alkohol.

9. Bewegung muss sein: Machen Sie zum Beispiel mindestens dreimal pro Woche einen straffen Spaziergang von 30 Minuten. Mehr dazu auf Seite 45–47.

10. Nikotin ist Gift für Sie und Ihr Baby, hören Sie mit dem Rauchen auf.

DIE VERSCHIEDENEN DIABETESTYPEN

Hinter dem Krankheitsbild Diabetes mellitus verstecken sich verschiedene Störungen im Stoffwechsel. Sie zeigen sich alle in Form von akut oder chronisch erhöhten Blutzuckerwerten. Je nach Ursache unterscheidet man verschiedene Typen.

Schwangerschaftsdiabetes

Der Schwangerschaftsdiabetes (auch Gestationsdiabetes genannt) ist eine Störung im Zuckerstoffwechsel während der Schwangerschaft, die typischerweise nach der 20. Schwangerschaftswoche auftritt. Sehr häufig zeigt sich die Erkrankung bei Frauen, die vor der Schwangerschaft übergewichtig sind. Schwangerschaftsdiabetes ist eine leichte Form der Zuckerkrankheit, die in den letzten Jahren immer häufiger festgestellt wird. Schwangerschaftsdiabetes lässt sich gut behandeln. Dabei arbeitet der Frauenarzt mit einem Facharzt für Diabetes, einem Diabetologen zusammen. Die Behandlung beginnt direkt nachdem die Krankheit festgestellt wurde in einer so genannten diabetologischen Schwerpunktpraxis. Dort erfahren Sie, wie Sie Ihren Zuckerwert im Blut selbst messen können und welche Bedeutung eine gesunde Ernährung und regelmäßig Bewegung für Sie und Ihr Baby haben. Manchmal ist eine Behandlung mit Insulin notwendig. Aber auch das ist unkompliziert und schadet dem Baby nicht.

Nach der Entbindung normalisiert sich bei den allermeisten Frauen der Zuckerstoffwechsel wieder. Die Behandlung durch den Arzt ist abgeschlossen. Aber das Risiko, im späteren Leben erneut an Diabetes mellitus zu erkranken ist groß. Was beim Schwangerschaftsdiabetes in Ihrem Körper vor sich geht, worauf es bei der Behandlung ankommt und was Sie selbst dazu beitragen können, lesen Sie in den nächsten Abschnitten dieses Buchs.

Typ-1-Diabetes

Beim Typ-1-Diabetes bildet der Körper kein Insulin mehr. Diese Form der Erkrankung beginnt häufig in der Kindheit oder Jugend. Um den Blutzuckerspiegel auf normalem Niveau zu halten, müssen diese Diabetiker sofort Insulin spritzen.

Typ-2-Diabetes

Viel häufiger ist der Typ-2-Diabetes, früher auch Altersdiabetes genannt. 90 Prozent aller Diabetiker gehören zu diesem Typus. Es sind heute nicht mehr nur alte Menschen, die daran erkranken. Immer mehr junge Menschen, Jugendliche und Kinder gehören zu den Typ-2-Diabetikern.

Die allermeisten Diabetiker mit Typ 2 sind, wenn der Arzt die Krankheit feststellt, übergewichtig. Bei ihnen bildet die Bauchspeicheldrüse zwar noch Insulin, aber es wirkt nur noch eingeschränkt. Denn die Zellen sind „insulinresistent". Das heißt sie reagieren nicht auf das Insulin, sie lassen nur wenig Zucker in die Zellen hinein. Der Blutzuckerspiegel beginnt anzusteigen, besonders nach den Mahlzeiten. Die Bauchspeicheldrüse reagiert darauf und gibt mehr Insulin ins Blut ab, sodass der Blutzucker immer wieder in den Normalbereich absinkt.

Aber so viel Insulin im Blut hat Nachteile: Sie nehmen zu. Die Gewichtszunahme wiederum verstärkt die Unempfindlichkeit der Zellen auf das Insulin. Der Blutzuckerspiegel steigt weiter an. Ein Teufelskreis entsteht.

Bei Diabetes mellitus Typ 2 heißt die erste Behandlungsmaßnahme daher: „Abnehmen" oder „besser essen und mehr bewegen". Viele Diabetiker, die diesen Ratschlag des Arztes beherzigen, kommen so über viele Jahre ohne Behandlung mit Tabletten oder Insulin aus.

DAS PASSIERT IN IHREM KÖRPER

Die Zahl der Frauen, die in der Schwangerschaft die Diagnose Schwangerschafts-diabetes erhalten, ist in den letzten Jahren angestiegen. Experten gehen davon aus, dass sie weiter wachsen wird. Während der Bluttest auf Schwangerschafts-diabetes bis zum März 2012 eher selten durchgeführt wurde und die Frauen die Kosten dafür selbst übernehmen mussten, hat heute jede Schwangere ein Anrecht auf diesen Zuckertest. Die Kosten dafür werden von den Krankenkassen übernommen.

VON ANFANG AN RICHTIG HANDELN

Es ist gut, wenn Frauen das Recht auf einen Blut-zuckertest in Anspruch nehmen, denn Schwanger-schaftsdiabetes birgt Risiken für Mutter und Kind. Aber wenn er rechtzeitig erkannt und von Anfang an richtig behandelt wird, werden Sie sich auch in der Schwangerschaft rundum wohl fühlen. Und Ihr Baby bekommt die besten Voraussetzungen für Gesundheit und Wohlbefinden von Ihnen.

Zucker im Blut ist ganz normal. Eine gewisse Menge ist sogar lebenswichtig, nicht nur für Sie, sondern vor allem für Ihr Baby. Denn ohne Zucker (auch Glukose genannt), die es sich über den Mutterkuchen aus Ihrem Blut holt, kann es nicht wachsen. Ist Ihr Blutzuckerspiegel zu niedrig, bekommt Ihr Baby zu wenig „Kraftstoff" und es wächst sehr langsam. Ist Ihr Blutzuckerspiegel sehr hoch, wächst Ihr Baby sehr schnell. Eine wichtige Ursache für hohe Blutzuckerspiegel in der Schwan-gerschaft sind die Schwangerschaftshormone, die im Körper jeder schwangeren Frau gebildet werden. Sie sind „Gegenspieler" des Blutzucker-senkers Insulin. Insulin ist ein Hormon, das in der Bauchspeicheldrüse gebildet wird. Es sorgt dafür, dass der Zucker aus dem Blut in die Körperzellen gebracht wird. Die Schwangerschaftshormone machen bei allen Frauen die Zellen unempfindlich gegen das Insulin, es kann nicht richtig wirken. Die Zellen öffnen sich nicht und nehmen den Zucker aus dem Blut nicht auf. Bei gesunden Schwangeren reagiert die Bauchspeicheldrüse darauf, indem sie mehr Insulin in den Blutkreislauf schickt.

In der Mitte der Schwangerschaft, zwischen der 24. und 28. Schwangerschaftswoche, sind die Schwangerschaftshormone besonders aktiv. Jetzt kann es vorkommen, dass die Bauchspeicheldrüse mit der Insulinproduktion nicht nachkommt. Der Blutzuckerspiegel steigt dauerhaft hoch an. Bei Ihrem Baby führt diese Zuckerflut dazu, dass viele Fettpolster angelegt werden. Es wird sehr groß und schwer. Besonders der Bauch wächst sehr stark. Das ist riskant für Sie und Ihr Baby bei der Entbindung, außerdem für Ihre und die spätere Gesundheit Ihres Kindes. Deshalb ist es wichtig, dass Ihr Arzt Ihr Baby regelmäßig untersucht, sein Wachstum per Ultraschall regelmäßig überprüft und darauf achtet, dass Ihr Blutzuckerspiegel im Normalbereich bleibt. Dabei sind Sie seine wich-tigste Partnerin. Denn mit der richtigen Ernährung und regelmäßiger Bewegung können Sie selbst eine Menge dazu tun. Deshalb ist dieses Buch der ideale Schwangerschaftsbegleiter für Sie!

Diese Frauen haben ein höheres Risiko für Schwangerschaftsdiabetes

- Sie sind übergewichtig (BMI größer als 30 kg/m², siehe dazu auch Seite 23).
- Sie treiben kaum Sport.
- Der Arzt hat bei einer früheren Schwangerschaft schon einmal hohe Blutzuckerwerte, Zucker im Urin oder Schwangerschaftsdiabetes festgestellt.
- Eltern oder Geschwister sind an Diabetes mellitus erkrankt.
- Sie sind älter als 35 Jahre.
- Sie haben bereits ein Kind entbunden mit einem Geburtsgewicht von mehr als 4500 Gramm.
- Sie rauchen.
- Sie haben zu hohen Blutdruck.
- Sie gehören zu einer ethnischen Bevölkerungsgruppe, die ein erhöhtes Diabetesrisiko hat, z. B. Asiatinnen und Lateinamerikanerinnen.

GLUKOSETOLERANZTEST

Ein Schwangerschaftsdiabetes liegt vor, wenn einer oder mehrere der in der Tabelle genannten Zuckerwerte im Blut (venöses Plasma) erreicht oder überschritten werden.

Nüchtern	92 mg/dl oder 5,1 mmol/l
1 Stunde nach der Mahlzeit	180 mg/dl oder 10,0 mmol/l
2 Stunden nach der Mahlzeit	153 mg/dl oder 8,5 mmol/l

Quelle: Deutsche Diabetes Gesellschaft, Evidenzbasierte Leitlinie, 08-2011

Um zu erkennen, ob ein Schwangerschaftsdiabetes vorliegt, führt der Arzt einen Zuckerbelastungstest, auch Glukosetoleranztest genannt, durch. Dafür müssen Sie nüchtern sein. Das bedeutet, Sie dürfen mindestens acht Stunden vorher nichts essen und nur Wasser trinken. Der Arzt misst zunächst Ihren Nüchternblutzuckerwert. Dann trinken Sie eine Zuckerlösung aus 75 Gramm Zucker und 300 ml Wasser. Genau nach einer und nach zwei Stunden wird erneut Blut abgenommen und der Zuckerwert(Glukosewert) bestimmt. Wird einer der oben stehenden Grenzwerte erreicht oder überschritten, stellt der Arzt die Diagnose Schwangerschaftsdiabetes. Der Test sollte bei allen schwangeren Frauen im 6. oder 7 Schwangerschaftsmonat gemacht werden. Die Kosten dafür übernimmt die Krankenkasse.

PRÄNATALE PROGRAMMIERUNG ODER SCHLANK UND GESUND VON ANFANG AN

„Das sind die Gene" oder „Das liegt in der Familie", so klagen manchmal Menschen mit Gewichtsproblemen. Es gelingt ihnen einfach nicht, die überflüssigen Pfunde loszuwerden. Heute wissen wir, dass wir den Genen nicht die Schuld für unser Gewicht geben können, zumindest nicht allein. In den letzten zehn Jahren haben Wissenschaftler herausgefunden, dass die Ernährung der Mutter und damit auch des Babys im Bauch während der pränatalen, also vorgeburtlichen Phase auch einen starken Einfluss auf die Entstehung von Übergewicht und Diabetes hat. Ihr Baby wird also schon vor der Geburt von Ihnen „programmiert". Diese Erkenntnisse der Wissenschaftler bringen uns entscheidende Vorteile. Wir können schon während der Schwangerschaft die Gesundheit unseres Kindes mitbeeinflussen. Nutzen Sie diese Chance! Je besser und gesünder Sie essen und trinken, desto besser wird das Gesundheitsprogramm für Ihr Kind. Auch die ersten Wochen nach der Geburt sind entscheidend für Gesundheit und Wohlbefinden. Mit der Muttermilch geben Sie Ihrem Baby einen optimalen Start ins Leben.
Da der Arzt bei Ihnen Schwangerschaftsdiabetes festgestellt hat, ist es für Sie besonders wichtig, auf einen gesunden Lebensstil zu achten. Gut essen und trinken und ausreichend Bewegung ist die wichtigste Behandlungsmethode bei Schwangerschaftsdiabetes. Und mit dem richtigen Lebensstil können Sie auch nach der Schwangerschaft dafür sorgen, dass die Zuckerkrankheit sich nicht wieder zeigt. Wenn Sie Ihr Baby lange genug stillen und ihm von Anfang an ein Vorbild in Sachen gesund essen und trinken sind, schaffen Sie die besten Voraussetzungen dafür, dass es auch später schlank, gesund und fit bleiben wird.
Die Ratschläge, Tipps und Rezepte dieses Ratgebers sind für Sie nicht nur während, sondern auch nach der Schwangerschaft, sozusagen lebenslang richtig.

EIN UNBEHANDELTER SCHWANGERSCHAFTSDIABETES BIRGT GEFAHREN FÜR MUTTER UND BABY

Mögliche Folgen für das Baby:

- Übermäßiges Wachstum im Bauch
- Unterzuckerung direkt nach der Entbindung
- Atemprobleme
- Erhöhtes Risiko für Übergewicht und Diabetes mellitus im späteren Leben

Für eine optimale Versorgung Ihres Babys entbinden Sie am besten in einer Klinik mit angeschlossener Kinderklinik. Für Schwangere mit Schwangerschaftsdiabetes, die mit Insulin behandelt werden, ist das sogar Pflicht.

Mögliche Folgen für die Mutter:

- Harnwegs- und Scheidenpilzinfektionen
- Bluthochdruck
- Eiweißausscheidung mit dem Urin
- Wassereinlagerung in Gesicht und Händen
- Vorzeitige Wehen
- Vermehrte Fruchtwasserbildung
- Frühgeburt

Wenn die Blutzuckerwerte während der gesamten Schwangerschaft im Normalbereich liegen, lassen sich die meisten Komplikationen vermeiden.

FAQ – HÄUFIG GESTELLTE FRAGEN

Bekomme ich in der nächsten Schwangerschaft auch wieder Schwangerschaftsdiabetes?
Das ist möglich. Das Risiko, dass Sie bei einer erneuten Schwangerschaft erkranken, liegt bei 40 Prozent.

Muss ich meinen Blutzucker zuhause messen?
Ja, die Blutzuckerselbstkontrolle ist sehr wichtig. Der Arzt in der diabetologischen Schwerpunkt-praxis wird Ihnen zeigen, wie Sie Ihren Blutzucker mit einem kleinen Messgerät zuhause selbständig messen können. Messen Sie vor dem Frühstück und jeweils eine Stunde nach Beginn der drei Hauptmahlzeiten. Die Werte tragen Sie in ein Tagebuch ein, das Sie in der Praxis erhalten und zu jedem Besuch mitbringen. Die Blutzucker-werte sollten morgens nüchtern unter 95 mg/dl (5,3 mmol) und eine Stunde nach Beginn der Hauptmahlzeit unter 140 mg/dl (7,8 mmol) liegen. Wenn Ihre Blutzuckerwerte normal sind, kann eine Messung pro Tag ausreichend sein. Ihr Arzt wird Sie dazu informieren.

Warum wird der Bauchumfang meines Babys überwacht?
Wenn Sie viel Zucker im Blut haben, wird auch Ihr Baby mit Zucker überschwemmt. Es wächst schnell, legt Fettreserven vor allem im Bauchbereich an und wird sehr groß. Das birgt Gefahren für Sie und Ihr Baby. Wenn der Frauenarzt bei seinen regelmä-ßigen Ultraschalluntersuchungen feststellt, dass der Bauchumfang bei Ihrem Baby auffällig groß ist, wird der Diabetologe die Blutzuckerzielwerte nach unten anpassen und/oder mit einer Insulinbehand-lung beginnen.

Muss ich später Insulin spritzen?
Nur, wenn Ihre Blutzuckerwerte, obwohl Sie gut essen und trinken und sich viel bewegen, häufig die Zielwerte überschreiten, wird der Arzt mit einer Insulinbehandlung beginnen. Das wird Ihnen dann vom Arzt und seinem Diabetesteam ausführlich erklärt werden.

GESUNDHEIT UND WOHLBE-FINDEN FÜR MAMA UND BABY

Essen für zwei heißt doppelt so gut und doppelt so gesund essen. Jetzt ist der richtige Zeitpunkt gekommen, die Ernährung und den täglichen Speiseplan zu überprüfen. Je besser Sie essen und trinken, desto besser geht es Ihrem Baby in Ihrem Bauch und noch lange, nachdem es ihn verlassen hat. Darüber sind sich heute alle Wissenschaftler einig.

ENERGIE UND NÄHRSTOFFE

Ihr Baby braucht ausreichend Energie und die richtigen Nährstoffe in den richtigen Mengen, um zu wachsen und sich gesund entwickeln zu können. Aber schwanger sein bedeutet nicht doppelt so viel zu essen. Gerade wenn die Blutzuckerwerte zu hoch sind und der Arzt Schwangerschaftsdiabetes festgestellt hat, ist es wichtig, dass die Portionen nicht zu groß sind. Das gilt vor allem für Lebensmittel, die Kohlenhydrate enthalten. Mehr Qualität statt Quantität heißt die Devise beim Essen und Trinken. Sie ist die wichtigste Voraussetzung für eine unbeschwerte genussvolle Schwangerschaft und ein gesundes Baby.

80 Prozent aller Frauen mit Schwangerschaftsdiabetes behalten den Blutzuckerspiegel allein mit der richtigen Ernährung in Kombination mit täglicher Bewegung im Griff.

ACHTUNG HEISSHUNGERATTACKEN!

Kennen Sie das: Saure Gurken mit Schokoladensoße, Vanilleeis mit Chips, Gummibärchen mit Rollmops? Appetit auf Kalorienreiches und seltene Geschmackskombinationen sind häufig in der Schwangerschaft. Aber Vorsicht, essen Sie mit Maß und nicht ungebremst. Im ersten Drittel der Schwangerschaft brauchen Sie und Ihr Baby nicht mehr Kalorien als vor der Schwangerschaft. Im zweiten und letzten Drittel lautet die Empfehlung

„Etwa 10 Prozent mehr als vor der Schwangerschaft ist genug!" Für die meisten Frauen heißt das ein Plus von 200 bis 250 kcal pro Tag. Gleichzeitig brauchen Sie und Ihr Baby von manchen Vitaminen und Mineralstoffen wie zum Beispiel Folsäure, Eisen oder Jod vom ersten Tag an besonders große Portionen, deutlich mehr als vor der Schwangerschaft. Der Schlüssel liegt in Lebensmitteln mit hoher Nährstoffdichte. Das sind Lebensmittel, die pro Portion reichlich gesunde Nähr- und Vitalstoffe enthalten, aber dennoch das Kalorienkonto nicht so stark belasten: Gemüse, Salate, Beerenfrüchte, Vollkornprodukte, Milchprodukte, mageres Fleisch und Fisch. Wenn Sie sich an unseren Rezepten orientieren, sind Sie auf der sicheren Seite. Alle Mahlzeiten haben eine hohe Nährstoffdichte

---

Ein Plus von 200 bis 250 kcal pro Tag zum Ende der Schwangerschaft ist genug

ca. 200 kcal:
1 Becher Joghurt (1,5 % Fett) mit Himbeeren (100 Gramm) und Haferflocken (2 Esslöffel)
ca. 210 kcal:
1 Weizen-Vollkornbrötchen mit Nuss-Paprika-Aufstrich (Rezepte Seite 69 und 70)
ca. 250 kcal:
1 Portion „Strammer Max" (Rezept Seite 57)

EIN BISSCHEN MEHR IST GENUG

„Nicht zu viel und nicht zu wenig", heißt die Empfehlung der Ärzte für eine gesunde Gewichtszunahme in der Schwangerschaft. Essen Sie zu wenig oder das Falsche, wird Ihr Baby schlecht versorgt. Essen und schlemmen Sie reichlich und üppig, nehmen Sie schnell und viel zu. Dabei wächst auch Ihr Baby schnell und hat ein hohes Gewicht bei der Geburt. Da aus Baby-Moppelchen oft auch übergewichtige Kinder, Jugendliche und Erwachsene werden, ist es gut, wenn Sie Ihr Gewicht von Anfang an im Blick behalten. Wie viel Sie mindestens und wie viel Sie höchstens zunehmen sollten, ist von Ihrem Gewicht und dem Body Mass Index (BMI) vor der Schwangerschaft abhängig. Wenn Sie vor der Schwangerschaft Übergewicht hatten, müssen Sie Ihr Gewicht strenger im Auge behalten als Frauen, die vorher schlank waren. Eine zu starke Gewichtszunahme bedeutet für Sie ein höheres Risiko für Bluthochdruck, Diabetes mellitus und andere Stoffwechselstörungen und für Komplikationen bei der Entbindung. Außerdem fällt es schwerer, die Pfunde nach der Geburt wieder los zu werden und die „gute Figur" lässt noch länger auf sich warten.

In den ersten 12 bis 13 Wochen ist es gut, wenn Sie nicht mehr als 2 Kilogramm zunehmen. Am besten lassen Sie sich in der Arztpraxis einen Gewichtskalender geben, in dem Sie Ihre wöchentliche Gewichtszunahme eintragen. Ein Gewichtsblatt zum Ausdrucken mit Ihren persönlichen Gewichtsgrenzen finden Sie bei www.dizonline.de

im Menü Schwangerschaftsdiabetes/Behandlung. Wiegen Sie sich zuhause einmal pro Woche am gleichen Tag, vor dem Frühstück und ohne Kleidung. Nicht vergessen: Zeigen Sie dem Arzt bei jedem Besuch den Verlauf Ihrer Gewichtsentwicklung.

Wenn Sie feststellen, dass Sie zu schnell zu viel zunehmen, versuchen Sie kleinere Portionen zu essen. Tauschen Sie kohlenhydratreiche Lebensmittel, die den Blutzuckerspiegel schnell und hoch ansteigen lassen und hungrig machen, gegen solche, die den Blutzuckerspiegel weniger beeinflussen aus. Mehr dazu lesen Sie auf Seite 26. Essen Sie vor dem Mittag- und Abendessen einen großen frischen Salat und erhöhen Sie die Gemüseportion.

Ihren Body-Mass-Index (BMI) ermitteln Sie indem Sie das Körpergewicht durch das Quadrat der Körpergröße in Meter teilen.

Beispiel: Körpergröße 1,75 m, Körpergewicht 68,0 kg

$$BMI = \frac{68}{1,75 \times 1,75} = 22,22$$

GEWICHTSZUNAHME

BMI vor der Schwangerschaft	Gewichtszunahme gesamt in kg bis zur Geburt	Gewichtszunahme in kg pro Woche ab der 14. Schwangerschaftswoche
kleiner als 18,5	12,5 – 18	0,5 – 0,6
18,5 – 24,9	11,5 – 16	0,4 – 0,5
25,0 – 29,9	7,0 – 11,5	0,2 – 0,3
gleich oder größer 30	5 – 9	0,2 – 0,3

Quelle: Evidenzbasierte Leitlinie zu Diagnostik, Therapie u. Nachsorge der Deutschen Diabetes-Gesellschaft (DDG) und der Deutschen Gesellschaft für Gynäkologie und Geburtshilfe (DGGG), 08-2011

FAQ – HÄUFIG GESTELLTE FRAGEN

Ich war schon vor der Schwangerschaft stark übergewichtig und wollte immer gern abnehmen. Schadet es meinem Baby, wenn ich in der Schwangerschaft einige Kilos verliere?

Es ist nicht ratsam, während der Schwangerschaft und auch nicht während der anschließenden Stillzeit bewusst abzunehmen. Machen Sie auf keinen Fall eine einseitige oder Crash-Diät. Das Risiko, dass Sie und Ihr Baby nicht genügend Energie und lebenswichtige Nährstoffe bekommen, ist zu groß. Versuchen Sie, mithilfe einer gesunden abwechslungsreichen Ernährung und viel Bewegung nicht so viel zuzunehmen. Orientieren Sie sich an der Tabelle auf Seite 23. In diesem Buch finden Sie dazu viele praktische Tipps, Empfehlungen und Rezepte.

Ich erwarte Zwillinge. Wie viel darf ich während der Schwangerschaft zunehmen?

Bei Zwillingen sollten Sie natürlicherweise etwas mehr zunehmen als Frauen, die nur ein Kind erwarten. Experten empfehlen eine Gewichtszunahme von 17 bis 25 kg für Frauen, die vor der Schwangerschaft Normalgewicht hatten (BMI zwischen 19 und 25), 15 bis 23 kg für Frauen, die vor der Schwangerschaft übergewichtig waren (BMI zwischen 25 und 30) und 11 bis 19 kg für Frauen, die vor der Schwangerschaft stark übergewichtig waren (BMI größer als 30). Natürlich sind das nur Richtwerte. Lassen Sie sich dazu am besten von Ihrem Arzt beraten.

KOHLENHYDRATE LASSEN DEN BLUTZUCKER ANSTEIGEN

Kohlenhydrate sind die Bestandteile von Lebensmitteln und Getränken, die Sie jetzt besonders im Blick behalten müssen. Denn nur Kohlenhydrate lassen den Blutzuckerspiegel ansteigen. Aber keine Sorge, Sie müssen keine besondere Diät einhalten. Sie dürfen und sollen (fast) alles essen, es kommt nur auf die richtige Dosierung an. Es dürfen nicht zu wenige Kohlenhydrate sein. Denn Ihr Baby braucht diese „Kraftstoffe", damit es wächst und reift, bis es nach neun Monaten ein gesundes Geburtsgewicht hat. Ist die tägliche Kohlenhydratportion zu groß, wird Ihr Baby sehr schnell sehr groß, und das kann für Sie beide gefährlich werden.

Diese Lebensmittel erhöhen den Blutzucker

Kohlenhydratreiche Lebensmittel

Getreideprodukte
- Brot, Brötchen
- Mehl, Stärke, Grieß
- Flocken
- Reis
- Nudeln
- Mais

Kartoffelprodukte
- Pellkartoffeln, Salzkartoffeln
- Pommes frites
- Püree, Klöße, Kroketten

Süßigkeiten
- Zucker
- Eis
- Kekse, Kuchen
- Fruchtsäfte
- Limonaden
- Marmelade, Honig, Sirup

Milchprodukte
- Milch
- Joghurt
- Kefir, Dickmilch, Buttermilch

Obst
- Alle Sorten
- Obstkonserven

Diese Lebensmittel erhöhen den Blutzucker nicht

Wasserreiche Lebensmittel
- Gemüse
- Salat
- Pilze
- Küchenkräuter
- Gewürze

Fettreiche Lebensmittel
- Butter
- Margarine
- Öl
- Mayonnaise
- Sahne, Crème fraîche
- Schmalz

Eiweiß-und/oder fettreiche Lebensmittel
- Fleisch
- Wurst
- Fisch
- Geflügel
- Eier
- Käse
- Quark
- Nüsse und Samen

ERNÄHRUNGSBERATUNG

Behandlungsmaßnahme Nummer 1 bei Schwangerschaftsdiabetes ist eine ausführliche Ernährungsberatung. Das Diabetesteam in der Arztpraxis wird Ihnen erklären, welche Kohlenhydratmenge für Sie die Richtige ist, damit Ihr Blutzuckerwert im gesunden Bereich liegt und Ihr Baby sich gut entwickelt. Sie ist abhängig von Ihrem Gewicht, von der Gewichtsentwicklung während der Schwangerschaft und davon, wie viel Sie sich bewegen. Diabetesexperten empfehlen, dass es pro Tag nicht weniger als 175 Gramm Kohlenhydrate sein dürfen.

In der Schulung werden Sie lernen, wie Sie die Kohlenhydrate in Lebensmitteln mengenmäßig richtig einschätzen. Als Maß für den Kohlenhydratgehalt von Lebensmitteln werden die Kohlenhydrateinheiten benutzt. Dabei entspricht eine Kohlenhydrateinheit oder abgekürzt 1 KE 10 Gramm Kohlenhydrate. Ein anderes Maß für die Kohlenhydrate ist die Broteinheit, abgekürzt BE. Dabei entspricht eine BE 12 Gramm Kohlenhydrate. In den Rezepten in diesem Buch finden Sie immer beide Angaben.

Für den praktischen Umgang im Alltag gibt es Kohlenhydrattabellen (siehe Literatur). Bei allen Rezepten in diesem Buch finden Sie eine Angabe zur Menge der Kohlenhydrate und der Kohlenhydrateinheiten pro Portion.

GÖNNEN SIE SICH BEI DEN KOHLENHYDRATEN NUR DIE BESTE QUALITÄT

Achten Sie bei den Kohlenhydraten nicht nur auf die Menge, sondern auch auf die Qualität. Bei den Kohlenhydraten gibt es zwei Qualitätsstufen. „Schlechte Kohlenhydrate" schießen aus dem Darm ins Blut und lassen den Zuckerspiegel im Blut sehr schnell und sehr hoch ansteigen. Sie sitzen vor allem in Süßigkeiten und mit Zucker gesüßten Getränken, in Honig und Marmelade und in Weißmehlprodukten. Diese Lebensmittel machen es schwierig, Ihren Blutzuckerspiegel in gesunden Grenzen zu halten (siehe Seite 25). Besser für Sie sind die „guten Kohlenhydrate". Sie fließen langsam aus dem Darm in die Blutbahn. Starke Blutzuckerspitzen nach dem Essen bleiben aus. Dazu gehören zum Beispiel Lebensmittel, wie Gemüse, Salat, Vollkornprodukte. Bei manchen Le-

bensmitteln hat die Zubereitungsart einen Einfluss auf die Blutzuckerwirksamkeit. So sind Pellkartoffeln günstiger als Kartoffelbrei und Nudeln mit „Biss" oder Reis „al dente" besser als die weich gekochte Variante.

Ein Maß für den Anstieg des Blutzuckers nach dem Essen ist der glykämische Index. Je niedriger die Blutzuckerwirkung, desto niedriger ist der glykämische Index eines Lebensmittels und desto stabiler bleibt der Blutzuckerspiegel.

Wissenschaftler haben festgestellt, dass Frauen mit Schwangerschaftsdiabetes, die in Ihrer Ernährung auf einen niedrigen glykämischen Index achten, sehr viel seltener mit Insulin behandelt werden müssen. Die Kinder im Bauch wachsen langsamer und haben bei der Geburt ein gesundes Gewicht. Frauen, die auch nach der Schwangerschaft weiterhin bei den Kohlenhydraten nur die beste Qualität wählen, haben ein geringeres Risiko, im späteren Leben an Diabetes mellitus Typs 2 zu erkranken. Nicht nur für Frauen mit Schwangerschaftsdiabetes, sondern für alle Diabetiker und für alle, die schlanker werden wollen, lohnt es sich, beim Essen und Trinken auf einen niedrigen glykämischen Index von Lebensmitteln zu achten. Deshalb haben Wissenschaftler die Blutzuckerwirksamkeit von vielen Lebensmitteln untersucht, haben ihren glykämischen Index bestimmt und in Tabellen zusammengefasst. Eine Auswahl davon finden Sie im Anhang dieses Buches.

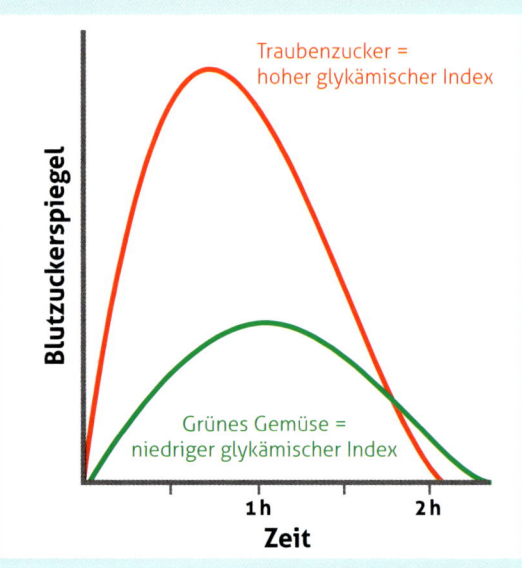

ACHTEN SIE BEI DEN KOHLENHYDRATEN AUF EINEN NIEDRIGEN GLYKÄMISCHEN INDEX

Essen Sie lieber	anstatt
Vollkornbrot, Kleiebrot, Vollkornbrötchen	Weißbrot, Croissants, Baguette, Toastbrot, weiße Brötchen
Vollkornreis, Parboiled Reis, Naturreis	weißen Reis, Milchreis, Jasminreis
Pellkartoffeln, Salzkartoffeln	Pommes frites, Bratkartoffeln, Kroketten, Püree
Vollkornnudeln oder Nudeln „al dente"	weiße Nudeln weich gekocht
Hülsenfrüchte: rote und grüne Linsen, Erbsen, Kidneybohnen, weiße Bohnen	Kartoffeln, Nudeln
Frisches oder tiefgefrorenes Obst	Obstkonserven, Kompott, Marmelade
Beerenfrüchte	Bananen
Nüsse, Müsliriegel ohne Zucker, Studentenfutter	Cräcker, Chips, Flips
Vollkornkuchen mit Obst	Muffins, Berliner, Kekse, Waffeln
Vollkornflocken	Cornflakes, Fertigmüsli mit Zucker

KLEINE VOLLKORNKUNDE

Vollkornprodukte haben viele Vorteile. Sie liefern ein Plus an gesunden Vitaminen, Mineralstoffen, wertvollen Fettsäuren und sättigenden Ballaststoffen. Ballaststoffe bewirken, dass der Blutzuckerspiegel langsamer und nicht so hoch ansteigt! Diese gesunden Stoffe sitzen im Keim und in den Randschichten des Getreidekorns.

Wählen Sie deshalb bei Getreideprodukten immer die Vollkornvariante. Wenn sie bei Ihnen Blähungen und Unwohlsein im Darm hervorrufen, starten Sie mit kleinen Portionen! Oder mischen Sie weiße Nudeln mit Vollkornnudeln oder weißen Reis mit Naturreis. Ganz wichtig: Viel trinken!

■ Dunkle Brote, Mehrkornbrote oder Brötchen mit Körnern auf der Kruste sind nicht immer Vollkornprodukte. Achten Sie bei verpacktem Brot aufs Etikett und fragen Sie beim Einkauf von frischem Brot in der Bäckerei nach!

■ Vollkornbrot muss nicht unbedingt ganze Körner enthalten. Es gibt auch Vollkornbrot aus fein ausgemahlenem Mehl. Probieren Sie aus, was Ihnen besser bekommt.

■ Achten Sie beim Einkauf von Vollkornmehl auf die Mehltypenzahl. Je größer, desto höher ist der Vollkornanteil im Mehl.

NASCHEN IST NICHT VERBOTEN

Sie müssen auf Süßigkeiten und Lebensmittel mit einem hohen glykämischen Index nicht verzichten. Essen Sie sie in kleinen Mengen und kombinieren Sie sie stets mit anderen Lebensmitteln. Genießen Sie Süßes ober zuckerreiches Obst am besten nach einer Hauptmahlzeit. Die in der Mahlzeit enthaltenen Fette und Eiweiße verlangsamen den Anstieg Ihres Blutzuckerspiegels.

Süßstoffe sind zum Süßen erlaubt. Weil sie weder Kalorien noch Kohlenhydrate enthalten, müssen sie nicht berechnet werden.

Bei verpackten Lebensmitteln lohnt sich immer ein Blick auf die Zutatenliste. Je weiter oben der Zucker steht, desto mehr ist drin.

ANDERE BEZEICHNUNGEN FÜR ZUCKER SIND

- Saccharose (Rüben-, Rohr-, Haushaltszucker, Kristallzucker)
- Dextrose
- Glukosesirup
- Invertzuckersirup
- Laktose
- Maltose
- Maltodextrin
- Fruktose
- Traubenzucker

Manchmal finden sich sogar mehrere dieser Begriffe auf dem Etikett, sodass die tatsächliche Zuckermenge nicht so ins Auge fällt.

Und auch brauner Zucker oder Honig sind keine empfehlenswerten Alternativen.

Heißhunger auf Süßes stellt sich manchmal ein, wenn wir traurig oder unruhig sind, wenn es langweilig ist oder wir eine Belohnung brauchen. Versuchen Sie sich abzulenken, zum Beispiel mit einem leckeren Getränk, mit schöner Musik, einem guten Film, einem Telefonat mit einer Freundin oder am besten mit einem Spaziergang. Denn Bewegung lässt den Blutzuckerspiegel wieder sinken.

REGELMÄSSIG DEN BLUTZUCKER MESSEN

Ob Sie zu viel, zu wenig oder genau die richtige Menge an Kohlenhydraten zu sich nehmen, lässt sich leicht feststellen. Messen Sie jeden Tag Ihre Blutzuckerwerte. Denn Kohlenhydrate tauchen nach den Mahlzeiten als Zucker im Blut auf.

Ihre Blutzuckerwerte, die Sie zuhause messen, sollten diese Grenzen nicht überschreiten:

Nüchtern	65 – 95 mg/dl	oder	3,6 – 5,3 mmol/l
1 Stunde nach dem Essen	< 140 mg/dl	oder	< 7,8 mmol/l
2 Stunden nach dem Essen	< 120 mg/dl	oder	< 6,7 mmol/l

Quelle: Deutsche Diabetes Gesellschaft, Evidenzbasierte Leitlinie, 08-2011

Der Diabetologe und sein Team werden Ihnen im Rahmen einer speziellen Schulung, an der jede Frau mit Schwangerschaftsdiabetes teilnehmen sollte, ein Blutzuckermessgerät geben und ihnen die Handhabung ausführlich erklären. Mithilfe eines kleinen Tropfen Bluts aus der Fingerkuppe zeigt es Ihnen in Sekundenschnelle an, wie viel Zucker Sie im Blut haben. Experten empfehlen innerhalb der ersten zwei Wochen, nachdem der Arzt Schwangerschaftsdiabetes festgestellt hat, vier Messungen pro Tag: morgens nüchtern und jeweils eine oder zwei Stunden nach Beginn der Hauptmahlzeiten. Tragen Sie die Messwerte stets in ein Blutzuckertagebuch ein, das Sie bei jedem Besuch in der Arztpraxis vorzeigen und begutachten lassen. Liegen alle Werte im Zielbereich, wird der Arzt Ihnen erklären, dass Sie den Blutzuckerwert seltener messen müssen. Gibt es immer wieder „Ausrutscher" nach oben, und stellt der Frauenarzt bei der Ultraschalluntersuchung fest, dass Ihr Baby übermäßig wächst, wird der Diabetologe prüfen, ob er für Sie die Blutzuckerzielwerte verändert oder ob eine Behandlung mit Insulin sinnvoll ist. Eine Insulinbehandlung zur Senkung der Blutzuckerwerte ist aber nur sehr selten notwendig.

FAQ – HÄUFIG GESTELLTE FRAGEN

Warum ist mein Blutzuckerspiegel manchmal hoch, auch wenn ich gar nichts gegessen habe?

Nicht selten sind Stress und Aufregung am Arbeitsplatz oder zuhause in der Familie die Ursache. Stresshormone regen die Leber zur Bildung von Glukose an. Gleichzeitig hindern sie den Blutzuckersenker Insulin an seiner Wirkung. Reservieren Sie deshalb immer wieder Auszeiten und kleine Pausen im Alltag für Entspannung und Ruhe. Auch eine Erkältung oder Schlafmangel können der Grund für hohe Blutzuckerwerte sein.

Die erste Blutzuckermessung zeigt einen sehr hohen Blutzuckerwert an. Bei der zweiten Messung nur fünf Minuten später ist der Wert ganz normal? Wie kommt das?

Wahrscheinlich ist eine Verunreinigung an Ihrem Finger die Ursache dafür, zum Beispiel Saft einer Orange, die Sie gerade geschält haben. Wenn Sie vor dem Messen Ihre Finger nicht waschen können, dann wischen Sie den ersten Bluttropfen vom Finger ab und nehmen die Messung mit dem zweiten Tropfen vor.

Diäten jetzt lieber nicht!

Für Crash-Diäten, Hunger- oder Abnehmkuren ist eine Schwangerschaft nicht der richtige Zeitpunkt, auch nicht, wenn Sie übergewichtig sind. Stattdessen ist eine gesunde abwechslungsreiche Ernährung angesagt, die Sie und Ihr Baby mit allen lebenswichtigen Nährstoffen in den richtigen Mengen versorgt. Behalten Sie Ihr Gewicht im Auge und orientieren Sie sich bei der Gewichtszunahme an den Angaben auf Seite 23.

Wenn Sie zu wenige Kalorien oder zu wenige Kohlenhydrate mit den Mahlzeiten aufnehmen, baut Ihr Körper Fettpolster ab, damit er genügend Energie bekommt. Bei der Fettverbrennung entstehen Substanzen – in der Fachsprache Ketonkörper genannt –, die Ihrem Baby schaden können. Bei starkem Übergewicht (BMI > 30; siehe Seite 23) wird der Arzt Ihnen Teststreifen für den Urin empfehlen. Denn die unerwünschten Ketonkörper zeigen sich in Ihrem Urin. Sollte der Test, den Sie jeden Morgen vor dem Frühstück durchführen, positiv ausfallen, ist das ein Signal dafür, dass Sie die Portionen vergrößern müssen oder sich eine zusätzliche Mahlzeit gönnen dürfen.

GLEICHMÄSSIGE VERTEILUNG DER KOHLENHYDRATE ÜBER DEN TAG

In der Schwangerschaft ist es wichtig, dass Sie häufig kleine, aber feine Mahlzeiten essen. Damit der Blutzucker keine Achterbahn fährt, müssen vor allem die kohlenhydrathaltigen Lebensmittel gut über den Tag verteilt werden.

Versuchen Sie, alle zwei bis vier Stunden etwas zu essen. Essen Sie morgens, mittags und abends zu den Hauptmahlzeiten eine größere Menge Kohlenhydrate und vormittags, nachmittags sowie auch abends vor dem Schlafengehen eine kleinere Zwischenmahlzeit mit einer kleinen Portion Kohlenhydrate.

Planen Sie mindestens einmal am Tag eine warme Mahlzeit ein. Ob Sie sie mittags oder abends genießen, ob zuhause mit der Familie, mit Kollegen in der Kantine oder mit Freunden im Restaurant, das können Sie je nach Gewohnheit und Tagesablauf entscheiden. Zu der warmen Mahlzeit gehört eine große Portion Gemüse und/oder Salat, eine Beilage wie Kartoffeln, Naturreis oder Vollkorn-Nudeln, drei bis viermal die Woche eine Portion Fleisch und zweimal pro Woche eine Portion fettreichen Fisch, zum Beispiel Lachs, Hering oder Makrele. In unseren Rezepten finden Sie gesunde Vorschläge für warme und kalte Mahlzeiten. Ihre Zubereitung ist leicht und geht schnell.
Starten Sie jeden Tag mit einem ausgiebigen Frühstück, das Sie in Ruhe genießen. Es lohnt sich, dafür etwas früher aufzustehen. Ihre Energiespeicher sind morgens leer und müssen wieder aufgefüllt werden. Zum Frühstück gehören ein Getreideprodukt, zum Beispiel Vollkornbrot, Müsli oder Pfannkuchen, Eiweißlieferanten wie Milch, Joghurt, Käse, Eier oder Aufschnitt, frisches Obst oder Gemüserohkost und natürlich ein Getränk. Wenn Sie morgens von Übelkeit geplagt werden, essen oder trinken Sie vor dem Aufstehen eine Kleinigkeit und genießen Sie danach Ihr Frühstück in Ruhe. Sie sind ein Frühstücksmuffel oder haben morgens keine Zeit für eine Mahlzeit? Dann essen

Sie zumindest eine Kleinigkeit, zum Beispiel eine Scheibe Vollkornknäckebrot, ein Glas Milch, ein Gute-Laune-Drink (siehe Seite 62) und langen beim zweiten Frühstück kräftiger zu.
Auch wenn Sie berufstätig sind und es am Arbeitsplatz hektisch zugeht, Zwischenmahlzeiten müssen sein. Nehmen Sie sich belegte Brote von zuhause mit, legen Sie sich Nüsse, Knäckebrot, Müsli, Studentenfutter oder Vollkorngebäck in die Schreibtischschublade, stellen Sie einen Obstkorb auf den Schreibtisch sowie Milch und Milchprodukte, frisches Gemüse und Dips in den Kühlschrank im Büro.

Gleichmäßige Verteilung der Kohlenhydrate über den Tag ist wichtig! Zum Beispiel so:

Mahlzeit	KE (1 KE = 10 Gramm Kohlenhydrate)
Frühstück	max. 3
Vormittags	1–3
Mittagessen	max. 5
Nachmittags	1–3
Abendessen	max. 5
Spät	1–2, bei starkem Übergewicht (BMI > 30) 2 KE

Tipp:
Lassen Sie sich in der Praxis des Diabetologen einen persönlichen Ernährungsplan geben!

Kohlenhydrate und Kohlenhydrateinheiten in Backwaren

	Menge	Gewicht	KH	Fett	kcal	BE	KE
Misch / Roggen-mischbrot	1 Scheibe	45 g	20 g	1 g	95	1,7	2,0
Brötchen	1 Stück	45 g	27 g	1 g	125	2,3	2,7
Vollkornbrötchen	1 Stück	45 g	19 g	1 g	105	1,6	1,9
Vollkornbrot	1 Scheibe	45 g	19 g	+	95	1,6	1,9
Pumpernickeln, rund	1 Scheibe	20 g	7 g	+	35	0,6	0,7
Fladenbrot	1 Scheibe	50 g	24 g	1 g	120	2,0	2,4
Roggenbrötchen	1 Stück	45 g	21 g	+	100	1,8	2,1
Croissant	1 Stück	45 g	15 g	12 g	185	1,3	1,5
Knäckebrot	1 Scheibe	10 g	7 g	+	30	0,6	0,7
Laugenbrezel	1 Stück	50 g	26 g	1 g	125	2,2	2,6
Toastbrot, Weizen	1 Scheibe	30 g	14 g	1 g	80	1,2	1,4
Zwieback (eifrei)	1 Stück	10 g	7 g	+	35	0,6	0,7

+ Spuren

WISSENSWERTES ZU GEMÜSE UND OBST

- Gemüse, Salat und auch Obst sind richtig gesund. Sie enthalten nicht nur viele Vitamine und Mineralstoffe, sondern auch eine gute Portion sekundäre Pflanzenstoffe. Dazu gehören die Farbstoffe in roten, gelben oder grünen Früchten wie Möhren, Kürbis, Tomaten, Aprikosen, Wassermelone, Brokkoli, Spinat oder Grünkohl. Ihnen werden vielfältige gesundheitsfördernde Eigenschaften zugeschrieben.

- Ballaststoffe in Gemüse und Salat sind wirksame Helfer bei Verstopfung.

- Alle Gemüsesorten bis auf Mais und Erbsen enthalten viel Wasser und wenige Kohlenhydrate. Übliche Portionen bis zu 200 Gramm können Sie ohne KE-Anrechnung genießen.

- Erbsen, Bohnen und Linsen (Hülsenfrüchte) sind top für Diabetiker und sollten mindestens einmal die Woche auf den Speiseplan. Sie sind phantastische Sättigungsbeilagen und eignen sich bestens als Ersatz für Kartoffeln, Reis oder Nudeln. Sie liefern gesundes Eiweiß und lebenswichtige Vitalstoffe. Aufgrund der enthaltenen Ballaststoffe lassen Sie den Blutzucker nicht so hoch ansteigen. Wenn es schnell gehen soll, nehmen Sie einfach Konserven. Wenn Sie mit Blähungen zu kämpfen haben, greifen Sie auf die geschälte Variante zurück.

- Bereiten Sie Gemüse vitaminschonend zu. Dünsten und Dämpfen mit wenig Wasser sind ideale Zubereitungsarten.

- Der Fruchtzucker im Obst treibt den Blutzuckerspiegel nach oben! Aber Sie müssen deshalb nicht ganz drauf verzichten. Essen Sie jeden Tag zwei Portionen, am besten nach einer Hauptmahlzeit. Für den Blutzucker günstig sind Beerenfrüchte, Äpfel, Birnen, Kirschen, Nektarinen, Pfirsiche oder Zitrusfrüchte.

- Essen Sie Obst so oft wie möglich frisch und nicht gekocht oder aus der Dose. Durch Lagerung und Verarbeitung gehen viele gesunde Vitalstoffe verloren. Obstkonserven enthalten eine Extraportion Zucker.

- Kaufen Sie Obst und Gemüse möglichst oft frisch ein und stets passend zur Saison, am besten aus Ihrer Gegend. Auf langen Transportwegen gehen viele Vitamine verloren.

- Tiefkühlware ist genau so wertvoll wie frische Ware. Aber kaufen Sie tiefgekühltes Gemüse und Obst nur „pur". Viele Fertigprodukte sind schon mit Sahne, Saucen oder Zucker abgeschmeckt.

FITMACHER EIWEISS

Ob Milch oder Joghurt, ob mageres Fleisch oder Eier, ob Fisch, Sojaprodukte, Nüsse oder Gemüse, eiweißreiche Lebensmittel gehören zu jeder Mahlzeit dazu. Eiweiße, auch Proteine genannt, sind sozusagen die Grundausstattung eines jeden Menschen. Sie sind Baustein jeder Zelle und deshalb ganz besonders wichtig für das Wachstum Ihres Babys. Deshalb brauchen Schwangere ab dem vierten Monat eine Zulage. Statt 50 Gramm brauchen Sie 60 Gramm am Tag. Aber mit einer abwechslungsreichen Ernährung erreichen Sie diese Menge leicht! Auch hier gilt: Je vielfältiger, desto besser. Stellen Sie eiweißreiche Lebensmittel bunt und abwechslungsreich zusammen. Eiweiße sind nicht nur in Fleisch, Fisch, Eiern und Milch. Eiweiß steckt auch in Nüssen, Hülsenfrüchten wie Erbsen, Bohnen und Linsen und Vollkornbrot. Kombinieren Sie tierische und pflanzliche Eiweiße, dann bekommen Sie eine Top-Eiweißqualität.

Behalten Sie bei den tierischen Eiweißträgern wie Milch, Käse, Sauermilchprodukten, Fleisch und Aufschnitt den Fettgehalt im Auge. Wenn Sie es sich leisten können, spricht nichts gegen die Vollfett- oder Sahnevariante. Wenn Sie darauf achten müssen, dass sich Ihr Gewicht nicht zu schnell nach oben entwickelt, bevorzugen Sie die fettreduzierten oder natürlicherweise mageren Produkte. Aufgepasst: Mich und Milchprodukte wie Joghurt, Kefir, Buttermilch oder Dickmilch enthalten unabhängig von ihrem Fettgehalt auch Kohlenhydrate, die den Zuckerwert im Blut ansteigen lassen.

Nur bei den Fischen brauchen Sie nicht auf den Fettanteil zu achten. Im Gegenteil, je fetter, desto besser. Fettreiche Fischsorten wie Hering, Lachs und Makrele brauchen Sie jetzt! Sie versorgen Sie mit lebenswichtigen Fettsäuren und mit Jod, das für die gesunde Funktion der Schilddrüse wichtig ist. (Lesen Sie auch Seite 39.)

Und noch einen Vorteil bietet Eiweiß: Es hält ihren Blutzuckerspiegel stabil, macht lange satt und vertreibt Heißhungerattacken auf Süßigkeiten und Snacks. Eiweiß hilft Kalorien sparen. Wissenschaftler haben herausgefunden, dass das Abnehmen und auch das Gewichthalten leichter gelingen, wenn der Speiseplan eiweißreich ist und gleichzeitig gesunde Fette und Kohlenhydrate mit einer geringen Wirkung auf den Blutzucker liefert. Achtung: Essen Sie Fleisch, Fisch und auch Eier nicht roh, sondern immer nur gut durchgegart. Auch auf Rohmilch oder Produkte daraus sollten Sie in der Schwangerschaft verzichten. Lesen Sie mehr dazu auf Seite 43.

FITMACHER EIWEISS PRAKTISCHE EMPFEHLUNGEN

Milch und Milchprodukte
Jeden Tag
mindestens 3 Portionen, zum Beispiel: 1 Glas Milch + 1 Becher Joghurt + 1 Scheibe Käse

Fleisch und Fisch
Jede Woche
3 bis 4 Portionen mageres Fleisch oder magere Wurst bzw. Aufschnitt
2 Portionen fetten Seefisch wie Hering, Lachs oder Makrele

FETTE SIND GESUND

Richtig ist: Fett hat mehr als doppelt so viele Kalorien wie Kohlenhydrate oder Eiweiße. Aber richtig ist auch: Fette sind lebenswichtig. Niemand sollte auf Fette ganz verzichten. Jede Zelle im Körper braucht Fett als Baustoff. Fette enthalten Fettsäuren, die der Körper nicht selbst herstellen kann und die wir ihm unbedingt mit den Lebensmitteln zuführen müssen. Wenn Sie Kalorien sparen möchten, weil Sie ein paar Pfunde zu viel mit sich herumtragen, achten Sie vor allem auf die versteckten Fette in tierischen Lebensmitteln. Kaufen Sie lieber magere Hähnchen- oder Putenbrust, Schnitzelfleisch oder Steak, Bratenaufschnitt oder Geflügelwurst anstelle von fettreichen Würsten, Leberkäse oder Streichwurst. Den breiten Fettrand am Schinken oder Steak können Sie abschneiden. Aber gönnen Sie sich marmoriertes, von feinen Fettadern durchzogenes Fleisch. Denn Fett ist ein Geschmacksträger!

WELCHES FETT WOFÜR?

Das große Ölangebot in den Supermärkten macht die Auswahl des richtigen Fetts auf den ersten Blick schwer. Meine Empfehlung: Nutzen Sie die Vielfalt und verwenden Sie unterschiedliche Öle in der Küche. Ob sich ein Fett für die kalte oder warme Küche eignet, ist von seiner Zusammensetzung und der Art der Herstellung abhängig.

- Zum Kurzbraten, Schmoren und Dünsten sind raffinierte Öle zu empfehlen. Ideal dafür sind ölsäurereiche Öle wie Olivenöl, Rapsöl, Erdnussöl oder Sonnenblumenöl.
- Kalt gepresste und nicht raffinierte Öle oder native Öle enthalten noch ihre wertvollen Bestandteile, die bei der Heißpressung verloren gehen. Sie sind besonders geschmacksintensiv. Kaltgepresste Öle sind fürs Braten und Kochen zu schade, nutzen Sie sie für die kalte Küche, für das Salatdressing oder zum Würzen von Nudeln oder Gemüse.
- Probieren Sie für die kalte Küche auch die besondere Note von Nussölen oder Leinöl.
- Als Streichfett können Sie Butter oder Margarine verwenden, ganz nach Ihrem Geschmack.

Zum Schutz der gesunden Fettsäuren müssen alle Öle kühl und dunkel gelagert werden, am besten im Kühlschrank. Wenn die Flaschen geöffnet sind, verbrauchen Sie das Öl innerhalb von vier bis acht Wochen.

MULTITALENTE OMEGA-3-FETTSÄUREN

Diese Fettsäuren sind in der Schwangerschaft und auch in der Stillzeit besonders wichtig. Ihr Baby braucht sie für die gesunde Entwicklung von Augen und Gehirn. Zudem schützen diese Fettsäuren vor Allergien. Deshalb ist es wichtig, dass Sie sie regelmäßig zu sich nehmen. Ideale Lieferanten sind fettreiche Fischsorten wie Lachs, Makrele oder Hering. Diese Fischsorten sind reich an Omega-3-Fettsäuren. Genießen Sie deshalb wöchentlich zwei Portionen, aber nur in gegarter oder haltbar gemachter Form. Für eine Portion können Sie 150–200 g Fischfilet oder 250–300 g ganzen Fisch rechnen. Probieren Sie die leckeren Gerichte aus unserer Rezeptsammlung.

Wenn Sie keinen Fisch mögen, sprechen Sie mit dem Arzt über die Einnahme von Fischölkapseln. Die Deutsche Gesellschaft für Ernährung empfiehlt Schwangeren, mindestens 200 mg Omega-3-Fettsäuren pro Tag aufzunehmen. Bei manchen Präparaten kommt es beim Aufstoßen zu einem unangenehmen Fischgeschmack. Das lässt sich weitgehend vermeiden, wenn man sie kurz vor oder während des Essens einnimmt und reichlich Flüssigkeit dazu trinkt. Verwenden Sie in der Küche regelmäßig Raps-, Walnuss- und Leinöl. Sie enthalten eine Vorstufe dieser lebenswichtigen Fettsäuren, die zu einem kleinen Teil im Körper in Omega-3-Fettsäuren umgewandelt werden können. Achten Sie beim Einkauf auf Lebensmittel, die mit Omega-3-Fettsäuren angereichert sind, zum Beispiel Eier, Margarine, Joghurt oder Milch.

VORSICHT VOR TRANSFETTSÄUREN

Zu den Fettbestandteilen, vor denen Sie sich lieber hüten sollten, gehören die sogenannten Transfettsäuren. Sie sind in Margarine, Keksen, salzigem Knabbergebäck, in Fett gebackenen Kuchen wie Berliner und Donuts, in Nuss-Nugat-Cremes, Fertigsuppen und -saucen, Pommes frites und vorgefertigtem Blätter- und Plunderteig enthalten. Wissenschaftler haben ihnen schon viele gesundheitsschädliche Wirkungen nachgewiesen. Bei verpackten Lebensmitteln erkennen Sie sie, wenn in der Zutatenliste bei den Fetten die Begriffe „gehärtet" oder „teilgehärtet" oder „teilweise gehärtet" vermerkt sind.

Omega-3-Gehalt von Fisch und Schalentieren (Mengen in Gramm pro 100 g Portion)

Lachs, Atlantik, gezüchtet, gegart, geräuchert	1,8 g
Hering, Atlantik, in Essig eingelegt	1,2 g
Makrele, Atlantik, gekocht, geräuchert	1,0 g
Regenbogen-Forelle, gezüchtet, gegart, geräuchert	1,0 g
Schwertfisch, gekocht, geräuchert	0,7 g
Seelachs, Atlantik, gekocht, Trockenhitze	0,5 g
Plattfisch (Flunder und Seezungenarten), gegart, geräuchert	0,4 g
Heilbutt, Atlantik und Pazifik, gegart, geräuchert	0,4 g
Schellfisch, gekocht, geräuchert	0,2 g
Dorsch, Kabeljau, Atlantik, gegart, geräuchert	0,1 g
Shrimps, verschiedene Arten, gegart, gedünstet	0,3 g

Quelle: USDA Nutrient Database for Standard Reference

SO VIEL FETT IST IN FLEISCH UND WURST

Lebensmittel	Gramm pro 100 g
Schweinefilet	2,0 g
Schnitzel	1,9 g
Rinderhackfleisch	14,0 g
Rumpsteak	10,7 g
Steak Rind	6,4 g
Hähnchenbrust	3,8 g
Entenbrust (mit Haut)	15,4 g
Putenbrust	1,0 g
Wiener Würstchen	24,5 g
Bratwurst	26,6 g
Fleischwurst	28,3 g
Leberwurst fein	29,9 g
Leberwurst grob	33,2 g
Gekochter Schinken	7,1 g
Corned beef	6,0 g

Quelle: NutriGuide®

DIE TOP-NÄHRSTOFFE IN DER SCHWANGERSCHAFT

Ein bunter abwechslungsreicher Speiseplan ist der beste Garant dafür, dass Sie und Ihr Baby während der Schwangerschaft mit allen lebenswichtigen Vitalstoffen gut versorgt werden. Bei einigen lohnt es sich, besonders drauf zu achten.

EISEN

Weil ihr Baby sich von diesem Mineralstoff einen eigenen Vorrat für die ersten fünf bis sechs Monate aufbauen muss, brauchen Sie während der Schwangerschaft deutlich mehr Eisen als vor der Schwangerschaft. In unseren Rezepten finden Sie deshalb viele eisenreiche Lebensmittel als Zutaten. Dazu gehören Fleisch und Aufschnitt, Hülsenfrüchte, Vollkornbrot, Müsli mit Vollkornflocken, Erdbeeren, Heidelbeeren, Spinat, Mangold und Erbsen. Eisen aus pflanzlichen Lebensmitteln kann der Körper nicht so gut verwerten. Sie können es ihm leichter machen, indem Sie gleichzeitig Vitamin-C-reiche Lebensmittel zu sich nehmen, z. B. Beerenfrüchte oder eine Kiwi im Müsli, Zitronensaft im Salatdressing oder einen Tomatensalat zum Vollkornbrot. Kaffee und schwarzer Tee verschlechtern die Aufnahme von Eisen aus Lebensmitteln. Genießen Sie diese Getränke deshalb nicht zu, sondern zwischen den Mahlzeiten. Durch eine Blutuntersuchung kann der Arzt den Zustand Ihrer Eisenversorgung überprüfen. Bei einem Mangel wird er Ihnen ein Eisenpräparat verordnen.

CALCIUM

Calcium ist ein wichtiger Baustoff für die Knochen, für Ihre eigenen und für die des Babys. Da das Wachstum und die gesunde Entwicklung Ihres Babys immer Vorrang haben, bedient sich der Körper bei Ihren Knochen, wenn er nicht täglich Nachschub von diesem Baustoff bekommt. Sie können diesen „Raubbau" vermeiden, indem Sie täglich darauf achten, calciumreiche Lebensmittel mit den Mahlzeiten zu sich zu nehmen. Calciumlieferant Nr. 1 sind Milch und Milchprodukte. Mit drei Portionen pro Tag (zum Beispiel 1 Glas Milch, 1 Becher Joghurt und 1 Scheibe Käse) sind Sie und Ihr Baby gut versorgt. Besonders calciumreich sind Hartkäsesorten wie Emmentaler, Gouda oder Parmesan. Wenn Sie keine Milch und Milchprodukte vertragen oder mögen, trinken Sie Mineralwasser, das mindestens 300 Milligramm Calcium pro Liter enthält und achten Sie beim Einkauf auf mit Calcium angereicherte Lebensmittel wie Fruchtsäfte und Sojadrinks. Calciumreiche Gemüsearten sind Brokkoli, Fenchel, Mangold, Spinat, Lauch und Grünkohl. Vielleicht wird Ihnen der Arzt auch ein Calciumpräparat verordnen.

VITAMIN D

Dieses Vitamin braucht der Körper für feste Knochen und Zähne, für kräftige Muskeln, für ein aktives Immunsystem und als Schutz für die Nervenzellen des Gehirns. Neue Untersuchungen haben gezeigt, dass eine gute Vitamin-D-Versorgung auch vor Diabetes mellitus schützen kann. Vitamin D wird in der Haut gebildet, aber nur, wenn die Sonne scheint und Sie sich lange genug draußen aufhalten und Hände, Arme oder Beine nicht durch Kleidung verdeckt sind. Das ist bei uns nur im Sommer möglich. Da nur wenige Lebensmittel dieses Vitamin enthalten, wundert es deshalb nicht, dass Untersuchungen gezeigt haben, dass viele Schwangere und neugeborene Babys mit Vitamin D nicht ausreichend versorgt sind. Erwachsene – ob schwanger oder nicht schwanger – sollten nach Empfehlungen der Deutschen Gesellschaft für Ernährung jeden Tag 20 Mikrogramm zu sich nehmen. Das ist vor allem im Winter nur durch die Einnahme von Nahrungsergänzungsmitteln möglich. Babys bekommen ab dem Ende der ersten Lebenswoche bis mindestens zum Ende des ersten Lebensjahres täglich eine Vitamin D-Tablette. Am besten sprechen Sie Ihren Arzt auf dieses Vitamin an. Durch eine Blutuntersuchung kann er feststellen, wie es um Ihre Vitamin D-Versorgung steht.

VITAMIN A

Schwangere sollten in den ersten drei Monaten der Schwangerschaft keine Leber essen, empfehlen Experten. Leber enthält viel Vitamin A, das in sehr großen Mengen in dieser Zeit dem Baby schaden kann. Nehmen Sie deshalb auch keine Nahrungsergänzungsmittel ein, die Vitamin A enthalten.

Im zweiten und letzten Drittel der Schwangerschaft ist Vitamin A für die Reifung des Babys dagegen besonders wichtig. Jetzt darf Leber wieder auf den Tisch, alle zwei bis drei Wochen eine Portion. Ideale Vitamin A-Lieferanten sind auch Milch, Fleisch, Eier sowie Möhren, Grünkohl und Spinat. Gemüse und Obst enthalten Carotin, eine Vorstufe, die vom Körper nach Bedarf in Vitamin A umgewandelt wird.

JOD UND FOLSÄURE – OHNE TABLETTE GEHT ES NICHT

Damit Ihr Baby wächst und sich gesund entwickelt, braucht es von Anfang an Folsäure. Folsäure ist ein Vitamin, das vor allem in grünen Gemüsesorten, in Vollkornprodukten und Hülsenfrüchten verborgen ist. Aber dieses Vitamin gehört zu den Mimosen. Es ist sehr empfindlich gegenüber Hitze, Luft und Wasser. Mit den Mahlzeiten ist es nicht möglich, so viel aufzunehmen, dass es für Sie und das Baby reicht. Deshalb raten Experten allen schwangeren Frauen, Folsäure zusätzlich in Form eines Nahrungsergänzungsmittels einzunehmen: Täglich 400 Mikrogramm mindestens bis zum Ende des ersten Schwangerschaftsdrittels.

Gynäkologen empfehlen Frauen, die schwanger werden möchten, am besten schon mindestens drei Monate vor einer Empfängnis mit der Einnahme von Folsäurepräparaten zu beginnen. Lassen Sie sich dazu von Ihrem Frauenarzt beraten.

Empfehlenswerte Durstlöscher

- Mineralwasser und Leitungswasser
- Ungezuckerte Früchte- und Kräutertees sowie Rooibostee
- Ideal sind Kräuter wie Melissenblätter, Brombeerblätter, Hagebuttenschalen, Pfefferminze und Hibiskusblüten. Vorsicht vor Kräutern wie Frauenmantel, Gelbwurz, Goldenes Frauenkraut oder Süßholzwurzel, sie können wehenauslösend wirken. Auch Tee mit Fenchel, Anis und Lemongras sollten Sie während der Schwangerschaft nicht so oft trinken.
- Saftschorlen (max. 1/3 Saft und mindestens 2/3 Leitungs- oder Mineralwasser)

In Maßen empfehlenswerte Getränke

- Ungezuckerter schwarzer und grüner Teer
- Beide Teesorten enthalten Koffein und regen nicht nur sie, sondern auch Ihr Baby an. Zu viel davon ist ungesund. Trinken Sie pro Tag nicht mehr als 3 Tassen Kaffee oder 5 bis 6 Tassen schwarzen oder grünen Tee.
- Fruchtsäfte (100 % Saft ohne Zuckerzusatz). Der Fruchtzucker erhöht schnell den Blutzuckerspiegel. 1 Glas Orangen- oder Apfelsaft hat einen Kohlenhydratgehalt von 2 BE/KE.
- Alkoholfreies Bier, 1 Glas enthält eine Kohlenhydratmenge von 1 BE/KE und erhöht schnell den Blutzuckerspiegel.

Nicht empfehlenswerte Getränke

- Alkoholische Getränke; da nicht genau bekannt ist, welche Menge Alkohol dem Baby schadet, sollten Sie auf Wein, Bier, Sekt & Co. während der Schwangerschaft ganz verzichten.
- Cola-Getränke und Limonaden. Diese Getränke enthalten viele Kalorien und viel Zucker, der den Blutzuckerspiegel in die Höhe schießen lässt. Cola enthält Koffein, das in großen Mengen für Sie und Ihr Baby schädlich sein kann. Verzichten Sie während der Schwangerschaft Ihrem Baby zu Liebe darauf. Wem es ganz schwer fällt, sollte auf die mit Süßstoff gesüßten bzw. entkoffeinierten Varianten zurückgreifen. Hin und wieder ein Glas ist genug!
- Fertiger Eistee enthält viel Zucker und Koffein.
- Malzbier enthält viele Kalorien und viele Kohlenhydrate und hat einen schnellen Blutzuckeranstieg zur Folge.

Auch bei dem Mineralstoff Jod brauchen Frauen während der Schwangerschaft und der Stillzeit eine tägliche Extraportion als Tablette mit 100 bis 150 Mikrogramm Jod. Wenn Sie diese einnehmen und zusätzlich zweimal pro Woche ein Fischgericht genießen, die Speisen mit jodiertem Speisesalz würzen und täglich drei Portionen Milch oder Milchprodukte genießen, bekommen Sie und Ihr Baby ausreichend Jod. Lassen Sie sich bei der Auswahl des Jodpräparates von Ihrem Arzt beraten! Das ist besonders wichtig, wenn Sie eine Schilddrüsenerkrankung haben.

VIEL TRINKEN!

Sie sind häufig müde und können sich nicht gut konzentrieren? Nicht selten steckt ein Flüssigkeitsmangel dahinter. Gerade in der Schwangerschaft ist es wichtig, dass Sie viel trinken. Mindestens 1,5 Liter pro Tag müssen es sein. Trinken Sie also zu jeder Mahlzeit und auch zwischendurch.

NAHRUNGSERGÄNZUNG

Mit einer abwechslungsreichen und bunten Ernährung bekommen Sie und Ihr Baby fast alle Nährstoffe, die Sie beide brauchen, in ausreichender Menge. Aber es gibt ein paar Ausnahmen. Bei diesen kann die Einnahme von Nahrungsergänzungsmitteln nach Absprache mit dem Arzt nötig sein.

Nährstoff	Bedarf vor der SS (täglich)*	Bedarf in der SS (täglich)*	gute Lieferanten
Folsäure	400 Mikrogramm	600 Mikrogramm	Grüne Gemüsesorten, Orangen, Nüsse, Vollkornbackwaren, Milch, Milchprodukte, Eigelb
Eisen	15 Milligramm	30 Milligramm	Fleisch, Wurstwaren, Vollkornbrot, Hafer, Hirse, Nüsse
Calcium	1000 Milligramm	1000 Milligramm	Milch, Joghurt, Hartkäse, Brokkoli, Lauch, Fenchel, einige Mineralwässer (mehr als 150 mg Calcium pro Liter)
Omega-3-Fettsäuren	mind. 200 Milligramm	mind. 200 Milligramm	Lachs, Hering, Makrele, Leinöl, Rapsöl, Walnussöl
Jod	200 Mikrogramm	230 Mikrogramm	Seefisch, jodiertes Speisesalz und damit hergestellte Lebensmittel
Vitamin D	20 Mikrogramm	20 Mikrogramm	fettreicher Fisch, Milch, Eier, Margarine, Sonnenlicht

*Quelle: Deutsche Gesellschaft für Ernährung. Die Angaben beziehen sich auf Frauen im Alter zwischen 19 und 50 Jahren.

DIESE LEBENSMITTEL IN DER SCHWANGERSCHAFT LIEBER NICHT!

Eine Lebensmittelvergiftung ist zwar für jedermann unerfreulich, aber meistens harmlos. In der Schwangerschaft jedoch kann sie dem Baby schaden. Listeriose und Toxoplasmose sind Erkrankungen, die vor allem durch den Genuss roher Lebensmittel ausgelöst werden. Sie können sich davor schützen, indem Sie auf einige Lebensmittel verzichten und in der Küche bei der Vor- und Zubereitung von Lebensmitteln auf eine besonders gute Hygiene achten.

Gut zu wissen: Diese Vergiftungen kommen selten vor und können, wenn sie doch einmal festgestellt werden, erfolgreich behandelt werden.

Wie die Erreger der Listeriose mögen auch die Toxoplasmose-Erreger keine Hitze. Bei Temperaturen über 70 Grad sterben sie. Verzichten Sie deshalb auf Tartar oder medium gebratene Steaks, garen Sie zuhause alle Fleischstücke richtig durch, tragen Sie bei der Gartenarbeit Schutzhandschuhe und spülen Sie Gemüse und Salat vor dem Essen gründlich ab.

Essen Sie in der Schwangerschaft und auch während der Stillzeit keine Raubfischarten wie Thunfisch oder Hai; verzichten Sie auf Schwertfisch, Heilbutt, Aal, Hecht, Steinbeißer und Seeteufel. Diese Fische können viel Quecksilber enthalten.

SO SCHÜTZEN SIE SICH WÄHREND IHRER SCHWANGERSCHAFT VOR LEBENSMITTELVERGIFTUNGEN

- Trinken Sie nur pasteurisierte Milch oder H-Milch und verzichten Sie auf Rohmilch und Milchprodukte wie zum Beispiel Käse, die den Hinweis „aus Rohmilch hergestellt", tragen (siehe auch „Häufig gestellte Fragen" unten).

- Schneiden Sie bei allen Käsesorten immer die Rinde ab.

- Lassen Sie Weichkäse wie Camembert oder Brie und Käse mit Oberflächenschmiere wie Limburger, Harzer Roller, Tilsiter Käse liegen.

- Essen Sie kein rohes oder nicht ganz durchgebratenes Fleisch, auch keine rohen Würste wie Salami, Teewurst, Mettwurst, Cabanossi oder rohen Schinken.

- Verzichten Sie auf Speisen mit rohen Eiern.

- Genießen Sie Fisch, Garnelen und andere Schalentiere nur gut durchgegart.

- Essen Sie während der Schwangerschaft kein Sushi und geräucherten Fisch.

- Waschen Sie Sprossen, Obst, Gemüse und Salate vor dem Essen gründlich ab. Essen Sie keine bereits geschnittenen, rohen Salate aus dem Supermarkt. Verzichten Sie vorsichtshalber auch auf den Obst- und Salatteller im Restaurant und trinken Sie frisch gepresste Säfte nur, wenn Sie sie zuhause selbst zubereitet haben.

- Tragen Sie bei der Gartenarbeit und bei der Reinigung des Katzenklos Handschuhe.

- Waschen Sie sich, bevor Sie Mahlzeiten zubereiten, immer die Hände.

- Reinigen Sie nach dem Zubereiten von Mahlzeiten Messer, Teller und Bretter gründlich.

Quelle: Bundesinstitut für Risikobewertung, Berlin 2012

FAQ – HÄUFIG GESTELLTE FRAGEN

Ich habe mich auf den Sessel gesetzt, auf dem meine Katze häufig liegt. Direkt danach habe ich mir ein Käsebrot geschmiert. Kann ich jetzt an Toxoplasmose erkranken?
Nein, Sie brauchen sich keine Sorgen zu machen. Zu einer Ansteckung kommt es nur, wenn Sie Lebensmittel mit diesen Erregern essen oder wenn Sie direkten Kontakt mit einer erkrankten Katze oder dem Kot einer erkrankten Katze haben. Toxoplasmoseinfektionen sind auch bei Katzen sehr selten und eine infizierte Katze scheidet Erreger auch nur für einen begrenzten Zeitraum von etwa 14 Tagen aus. Waschen Sie sich, wenn Sie Ihre Katze gestreichelt haben, immer gründlich die Hände.

Ich habe gestern Gulasch aus Rind- und Schweinefleisch zubereitet. Ich habe es im Kühlschrank gelagert. Kann ich es heute nochmals erwärmen?
Ja, das ist kein Problem. Sie sollten Reste allerdings nicht länger als zwei bis drei Tage aufbewahren, auch nicht, wenn sie im Kühlschrank aufbewahrt werden.

Ich liebe Emmentaler Käse. Darf ich ihn in der Schwangerschaft essen?
Ja, den können Sie unbesorgt essen. Emmentaler Käse ist ein Hartkäse, der zwar aus Rohmilch gemacht wird, aber sehr lange reift, bevor er in die Käsetheke kommt. Andere Hartkäsesorten, die unbedenklich sind, sind zum Beispiel Bergkäse, Comté, Chester, Greyerzer oder Parmesan.

AUSWÄRTS ESSEN MIT GENUSS

Ob im Restaurant, in der Kantine oder auf der Party, auswärts essen können Sie auch mit Schwangerschaftsdiabetes. Für die Auswahl der Speisen und die Zusammenstellung des Menüs gelten die gleichen Bedingungen wie zuhause. Wählen Sie die Speisen nach Qualität und nicht nach Menge aus. Üben Sie zuhause so oft wie möglich das Einschätzen der Kohlenhydratmenge von Lebensmitteln und Speisen. Scheuen Sie sich bei einem Restaurant- oder Partybesuch nicht, eine Kohlenhydrattabelle aus der Handtasche zu ziehen, wenn Sie bei der Einschätzung unsicher sind. Wählen Sie auf der Speisekarte unter den angebotenen Fleischgerichten magere Sorten wie Schnitzel, Steak oder Braten sowie Fisch. Bevorzugen Sie gegrillte oder gedünstete Zubereitungsarten. Wenn möglich, packen Sie das Fleisch oder den Fisch aus der Panade. In fast allen Restaurants ist es gar kein Problem die Beilagen auszutauschen. Lassen Sie sich anstelle von Pommes frites, Kroketten oder Bratkartoffeln eine größere Portion Gemüse bringen. Das ist besser für den Blutzucker.

Auch auf ein Dessert müssen Sie nicht verzichten. Lassen Sie besonders süße Kalorienbomben wie Mousse au Chocolat einfach links liegen und wählen Sie eine Joghurt- oder Quarkspeise, ein kleines Stück Obstkuchen, ein Fruchteis oder probieren Sie einmal die pikante Variante in Form von leckerem Käse. Suchen Sie sich für die Zeit der Schwangerschaft am besten zwei oder drei Lieblingslokale, in denen Sie die Speisekarte kennen und das Essen sorglos genießen können.

Auch im Fastfood-Restaurant kommt es auf die geschickte Zusammenstellung an. Vorsicht bei Doppel- oder XXL-Portionsangeboten. Lassen Sie bei sehr großen Brötchen die obere oder untere Hälfte auf dem Teller liegen. Die Kalorien- und Kohlenhydratmenge können Sie klein halten, wenn Sie anstelle von Nuggets und anderen in Teig gebackenen Speisen einen Fleisch-Burger mit oder ohne Käse wählen. Wussten Sie, dass auch Ketchup den Blutzuckerspiegel in die Höhe treiben kann? Die roten Saucen der Fastfood-Restaurants können bis zu einer halben Kohlenhydrateinheit (5 Gramm Kohlenhydrate) pro Portion (10 bis 20 Gramm) enthalten. Große Fastfood-Restaurants haben meist Nährwerttabellen mit Angaben zum Kohlenhydrat- und Kaloriengehalt Ihrer Speisen. Fragen Sie danach oder schauen Sie im Internet!

WENN DIE BEHANDLUNG MIT INSULIN NOTWENDIG WIRD

Wenn der Blutzuckerspiegel trotz einer gesunden Ernährung und regelmäßiger Bewegung nicht auf ein gesundes Niveau absinkt, wird der Arzt die Behandlung mit Insulin beginnen. Ein anderer Grund dafür kann sein, dass der Arzt per Ultraschall festgestellt hat, dass Ihr Baby zu schnell wächst. Insulin gibt es nicht als Tablette, sondern nur als Injektion (mittels einer Spritze oder eines sogenannten Pens) in das Unterhautfettgewebe des Bauchs und Oberschenkels. Insulin sorgt dafür, dass Ihr Blutzuckerwert wieder in einen gesunden Bereich absinkt und Ihr Baby genau so viel Zucker bekommt, wie es für ein gesundes Wachstum braucht. Dadurch wächst Ihr Baby langsamer und hat bei der Geburt ein gesundes Gewicht.

Keine Sorge, Ihr Baby wird die Injektion nicht spüren und auch Sie werden den kleinen Einstich gar nicht merken. Sie bekommen das Insulin in praktischen Pens, die Sie leicht und sicher überall mitnehmen können. Ihr Arzt wird Sie dazu beraten, welches Insulin für Sie richtig ist, in welcher Dosierung und wie oft Sie es zuführen müssen. Der Umgang mit Insulin ist denkbar einfach. Das Diabetesteam in der Arztpraxis wird Ihnen alles Wissenswerte erklären. Direkt nach der Geburt können die allermeisten Frauen das Insulin wieder absetzen. Die Empfehlungen für eine gesunde Ernährung sind auch für Frauen, die Insulin spritzen, genau richtig.

BEWEGUNG SENKT DEN BLUTZUCKER

Ein Baby im Bauch ist kein Grund, die „Füße hoch zu legen". Im Gegenteil, auch und gerade in der Schwangerschaft ist Bewegung wichtig und gut, für Sie und Ihr Baby. Bewegung sorgt für gute Laune und gesunden Schlaf, bringt das Immunsystem auf Trab, macht Sie fit und leistungsfähig für die Geburt und die aufregende Zeit danach. Und Bewegung hält den Blutzucker stabil. Das ist jetzt für Sie besonders wichtig.

Regelmäßige „Muskelarbeit" kann helfen, die Behandlung mit Insulin zu verhindern. Denn Muskeln beziehen ihre Energie aus Kohlenhydraten. Es gibt also genug Gründe für Sie, jeden Tag eine bestimmte Zeit für Bewegung zu reservieren. Egal für welche Bewegungsart Sie sich begeistern können, lassen Sie sich vor dem Start von Ihrem Gynäkologen beraten. Er wird Sie zur Häufigkeit und Intensität informieren.

Auch im Alltag gibt es genügend Gelegenheiten, um die „Muskeln spielen" zu lassen. Gehen Sie zum Einkaufen zu Fuß oder fahren Sie mit dem Fahrrad. Lassen Sie den Aufzug stehen und nehmen Sie die Treppe. Wenn Sie mit dem Auto zur Arbeit fahren, parken Sie nicht direkt vor der Tür, sondern suchen Sie sich einen Parkplatz in der weiteren Umgebung. Treffen Sie sich mit Ihrer Freundin anstatt zum Kaffee trinken zu einem Spaziergang im Wald oder einem Stadtbummel. Kombinieren Sie auch das abendliche Fernsehprogramm mit kleinen Bewegungsübungen, zum Beispiel mit einem elastischen Band. Eine Anleitung dafür bietet das Programm „Aerobic mit Bauch". Sie finden es im Internet unter diesem Link: http://www.schwangerschaft-und-diabetes.de/fileadmin/user_upload/pdf/AerobicmitBauch.pdf. Wenn Sie keinen Internetzugang haben, fragen Sie in der Arztpraxis nach diesem Programm oder einer anderen Bewegungsanleitung.

Kaum zu glauben, aber wahr: Die beste Trainingszeit ist nach dem Essen. Damit erreichen Sie, dass der Zuckerspiegel in Ihrem und im Blut Ihres Babys nicht so hoch ansteigt. Starten Sie direkt nach dem Frühstück mit einer leichten Morgengymnastik, nutzen Sie die Mittagspause für einen Spaziergang oder genießen Sie das Eis bei einem Stadtbummel statt sitzend in der Eisdiele. So werden die Kohlenhydrate direkt verbraucht. Wie gut das Ihnen und Ihrem Baby tut, davon können Sie sich selbst überzeugen. Schon nach 30 Minuten ist die Wirkung mit dem Blutzuckermessgerät messbar.

- Der Blutzucker bleibt stabil.

- Sie fühlen sich wohl und ausgeglichen.

- Der Körper baut nicht so viele Fettpolster auf.

- Die Gewichtszunahme ist geringer und bleibt in gesunden Grenzen.

- Ihr Baby hat ein gesundes Geburtsgewicht.

- Das Risiko für Schwangerschaftskomplikationen, wie zum Beispiel ein Anstieg des Blutdrucks, sinkt.

- Sie schlafen gut.

- Die Rückenmuskulatur kann den Babybauch besser tragen und Sie haben weniger Rückenschmerzen.

- Sie erreichen nach der Entbindung schneller Ihr altes Gewicht.

- Sie sind top in Form und somit auf die Anforderungen der ersten Monate mit Ihrem Baby bestens vorbereitet.

FAQ – 8 FRAGEN ZUM THEMA SPORT

Die Expertin Marion Sulprizio, Dipl.-Psychologin und Leiterin des Arbeitskreises „Sport und Schwangerschaft" der Deutschen Sporthochschule Köln antwortet. Sie ist Mutter von 2 Töchtern, war aktive Leistungshandballerin und leitet das Expertenteam des Online-Coachings für Schwangere und Mütter auf dem Portal www.sportundschwangerschaft.de.

Kann jede Frau in der Schwangerschaft Sport treiben?
Vorausgesetzt es handelt sich um eine komplikationslose Schwangerschaft, sollte sogar jede Frau Sport in der Schwangerschaft treiben. Am besten holen Sie sich vor dem Start das Einverständnis des Gynäkologen.

Darf ich während der Schwangerschaft joggen?
Das hängt vom Trainingszustand vor der Schwangerschaft ab. Geübte Läuferinnen können auch in der Schwangerschaft joggen. Laufen Sie in einem Tempo, bei dem Sie sich noch gut unterhalten können und die Füße noch gut abrollen, sodass ein kontrolliertes Abfedern möglich ist. Mit wachsendem Bauch raten wir allerdings eher zu Nordic Walken oder Walken. Laufwettkämpfe oder Extremleistungen wie zum Beispiel ein Marathonlauf sollten in die Zeit nach der Schwangerschaft verschoben werden.

Darf ich weiterhin im Fitness-Studio trainieren?
Beim Training an den Geräten im Studio sollten die Frauen in der Schwangerschaft nicht auf Muskelzuwachs sondern sanftes Erhalten trainieren. Das bedeutet, weniger Gewichte auflegen; die Wiederholungszahl kann dafür leicht erhöht werden. Das Kursprogramm in Studios kann weiterhin mitgemacht werden, wenn Sprünge oder Übungen wie Kopfstand (zum Beispiel beim Yoga) vermieden werden und die Herzfrequenz kontrolliert wird.

Ich habe bisher gar keinen Sport getrieben. Welche Sportarten empfehlen Sie für Einsteiger?

Für (Wieder-) Einsteigerinnen empfehlen sich die klassischen Ausdauersportarten wie Walken, Radfahren und Schwimmen, da diese leicht auf einem moderaten Niveau betrieben werden können. Aquafitness ist ebenfalls sehr empfehlenswert, da die Gelenke geschont werden und Wassereinlagerungen in den Beinen vorgebeugt wird.

Welche Sportarten sind in der Schwangerschaft nicht zu empfehlen?

Sportarten mit Wucht, Stoß, Schlag, Gewalt oder anderen heftigen Auswirkungen sollten prinzipiell gemieden werden; darunter fallen Kampfsportarten wie Judo. Sportarten mit hohem Sturzrisiko wie Bouldern sollten ebenfalls vermieden werden und Sprungelemente (wie beim Aerobic) sollten möglichst gering gehalten werden.

Ich bin berufstätig, komme abends spät nach Haus und habe wenig Zeit für Fitness-Studio, Schwimmbad & Co. Was kann ich tun? Gibt es eine Anleitung für sportliche Übungen zuhause?

Im Internet gibt es immer mehr Hinweise auf geeignete Übungen in der Schwangerschaft. Allerdings sollten diese zuvor mit einer Expertin (wie der Hebamme) geprüft werden, denn nicht alle Übungen eignen sich und sind qualitätsgesichert. Es gibt aber auch Bücher oder DVDs mit sogenannten Mama-Workout-Programmen, die es ermöglichen auch abends noch sportlich aktiv zu werden.

Wie oft in der Woche sollte ich Sport treiben?

Die positiven körperlichen und psychischen Effekte von Sport stellen sich nur bei regelmäßigem Sporttreiben ein. Neueste Empfehlungen gehen davon aus, dass Schwangere bis zu 7 Stunden Sport pro Woche treiben können, ohne sich oder das Baby zu belasten. Das bedeutet, dass die Frau jeden Tag in der Woche 1 Stunde aktiv sein kann.

Darf ich nach der Schwangerschaft sofort wieder Sport betreiben?

Nein, denn es ist ganz wichtig, dem Körper die notwendige Zeit zu geben, um sich von der Schwangerschaft zu erholen. Auch wenn manche Frauen sich sofort wieder fit fühlen, ist eine angeleitete Rückbildungsgymnastik unerlässlich. Danach ist es wieder individuell unterschiedlich, wann die alte Aktivität wieder aufgenommen werden kann. Zum Teil dauert es bis zu 9 Monaten, bis der Beckenboden wieder voll belastbar ist.

Sie haben weitere Fragen zum Thema Sport in der Schwangerschaft?

Das Psychologische Institut der DSHS Köln bietet ein Online-Coaching an. Melden Sie sich kostenlos unter schwangerschaft@dshs-koeln.de an.

WENN DAS BABY DA IST

Herzlichen Glückwunsch, endlich ist Ihr Baby da! Bei den allermeisten Frauen ist mit der Geburt auch der „Spuk" des Schwangerschaftsdiabetes vorüber. Blutzuckermessen zuhause ist nicht mehr nötig, die Insulinpens werden nicht mehr gebraucht. Jetzt beginnt eine wunderbare Zeit mit Ihrem Baby.

ACHTEN SIE AUF SICH

Auch jetzt müssen Sie gut auf sich achten. Wissenschaftler haben festgestellt, dass Frauen mit Schwangerschaftsdiabetes ein doppelt so hohes Risiko haben, in den nächsten zehn Jahren oder später erneut an Diabetes mellitus zu erkranken. Die gute Nachricht ist: Sie haben auch herausgefunden, dass Sie das Risiko durch einen gesunden Lebensstil deutlich verringern können. Das ist Ihre Chance! Nutzen Sie sie! Essen und trinken Sie weiterhin bewusst und gesund und bauen Sie täglich Bewegung in Ihren Alltag ein. Die Tipps und Empfehlungen in diesem Buch sind für Sie auch jetzt noch der beste Ratgeber.

GÖNNEN SIE SICH REGELMÄSSIG EINE INSPEKTION!

Um zu prüfen, ob Ihr Zuckerstoffwechsel wieder einwandfrei funktioniert, sollten Sie etwa sechs bis zwölf Wochen nach der Entbindung vom Diabetologen erneut einen Zuckerbelastungstest machen lassen. Bei den meisten Frauen läuft im Stoffwechsel alles wieder wie vor der Geburt. Wenn Sie Ihren Blutzuckerspiegel während der Schwangerschaft durch eine Umstellung Ihrer Ernährungsgewohnheiten und regelmäßige Bewegung in den Griff bekommen haben, müssen Sie dann erst nach zwei Jahren erneut einen Zuckertest machen. Wenn Sie während der Schwangerschaft zur Senkung des Blutzuckerwerts Insulin gespritzt haben und/oder übergewichtig sind, sollten Sie sich nach einem Jahr wieder bei Ihrem Arzt für einen Blutzuckertest vorstellen.

Bei jeder zweiten Frau zeigt sich der Schwangerschaftsdiabetes bei der nächsten Schwangerschaft wieder. Zum Schutz für das Baby und sich selbst lassen Sie am besten gleich im ersten Schwangerschaftsdrittel auf Schwangerschaftsdiabetes testen.

MUTTERMILCH – DAS BESTE FÜR IHR BABY

Muttermilch ist das Beste, was Sie Ihrem Baby bieten können. Mit Muttermilch bekommt Ihr Baby sozusagen eine Rundum-Versorgung und das 24 Stunden lang. Muttermilch ist immer da, wenn sie gebraucht wird: Sie löscht Babys Durst, sie stillt Babys Hunger, sie schützt es vor Allergien, liefert Baustoffe für Babys Immunsystem und kann Ihr Baby davor bewahren, später an Diabetes mellitus (Typ 1 und Typ 2) zu erkranken. Einen besseren Start können Sie Ihrem Baby nicht bieten. Beginnen Sie mit dem Stillen am besten schon in den ersten zwei Stunden nach der Geburt. In den ersten vier bis sechs Monaten braucht Ihr Baby nichts anderes als Ihre Milch. Und auch wenn es später Breimahlzeiten bekommt, wird es ihm gut tun, wenn Sie weiter stillen. Lösen Sie nach und nach die Muttermilchmahlzeiten durch den Brei ab. Aber auch für Sie selbst ist das Stillen ideal. Laut aktueller wissenschaftlicher Untersuchungen können Frauen, bei denen in der Schwangerschaft Diabetes festgestellt wurde, ihr Risiko, später an Diabetes zu erkranken, um bis zu 40 Prozent senken, wenn sie ihr Baby mindestens drei Monate voll stillen.

VORTEILE FÜR SIE, WENN SIE STILLEN

- Stillen sorgt für gute Laune. Dafür sind Hormone verantwortlich, die beim Stillen im Gehirn gebildet werden. Sie schützen Sie vor Stimmungstiefs nach der Geburt.

- Stillen sorgt für eine gute Figur. Wenn Sie Ihr Baby voll stillen, verbraucht der Körper ungefähr 600 Kalorien pro Tag, die er sich zum Teil aus Ihren während der Schwangerschaft angelegten Fettpolstern holt.
- Stillen ist praktisch. Muttermilch ist immer dabei und immer trinkfertig, am Tag wie in der Nacht, zuhause, unterwegs oder im Urlaub. Sie liefert dem Baby Energie und Nährstoffe, genauso wie es sie braucht. Wenn Sie unterwegs sein wollen und Papa oder Oma die Fütterung übernehmen soll, pumpen Sie die Milch vorher einfach ab.
- Stillen macht glücklich, Sie und Ihr Baby.
- Stillen ist preiswert. Kosten für Babynahrung, Fläschchen sowie für Energie, um die Milch zuzubereiten und die Flaschen zu reinigen, entfallen.
- Stillen senkt das Risiko für Brust- und Eierstockkrebs.

Besonders gut klappt das Stillen, wenn Sie sich schon während der Schwangerschaft darauf einstellen, sich darauf freuen, sich informieren und sich vorbereiten. Dabei können Hebammen oder Stillberaterinnen helfen. Sie beraten Sie schon vor der Geburt zu allen Fragen rund ums Stillen und helfen Ihnen auch dabei in den ersten Wochen zuhause. Adressen von Hebammen und Stillberaterinnen in Ihrer Nähe finden Sie im Internet (siehe Anhang).

FORTSETZUNGSPROGRAMM BEWUSST ESSEN UND AKTIV SEIN

Das Baby ist da und es beginnt eine wunderschöne Zeit. Sie sind jetzt eine richtige Familie, in der sich gerade in den ersten Wochen alles um das Baby dreht. Nicht selten sind Mama und auch Papa 24 Stunden, also rund um die Uhr damit beschäftigt: Stillen, Windeln wechseln, baden, trösten und schon wieder stillen. Das kostet Kraft und Energie. Deshalb ist es wichtig, dass Sie auch jetzt gut auf sich achten. Gönnen Sie sich bei den Mahlzeiten nur die beste Qualität. Wenn Sie Ihr Baby voll stillen, kommt alles, was Ihr Baby in den ersten Lebensmonaten für ein gesundes Wachstum braucht, direkt von Ihnen. Ob Fette, Kohlenhydrate, Eiweiße, Mineralstoffe oder Vitamine, Ihr Körper stellt dem Baby mit der Muttermilch ein Baby-Komplettmenü zusammen, zu dem Sie die Zutaten liefern. Wenn Sie sich bei Ihrem Speiseplan eine gute Qualität gönnen, wird auch Ihr Baby davon profitieren. Essen Sie deshalb jeden Tag bunt und abwechslungsreich.

Alles, was Sie in diesem Buch über die Zusammenstellung eines gesunden Speiseplans während der Schwangerschaft erfahren haben, können, ja sollten Sie jetzt fortführen, am besten lebenslang. Das ist der beste Garant für Gesundheit, Wohlbefinden, Fitness und eine gute Figur. Als Mama haben Sie jetzt eine Vorbildfunktion. Je früher Sie Ihr Kind an gutes Essen und Trinken gewöhnen, desto besser. Es ist erwiesen, dass Kinder, die von klein auf an Vollkornbrot und täglich Gemüse und Obst gewöhnt sind, auch später Pommes, Burger & Co. eher liegen lassen.

Die „Verbote" während der Schwangerschaft von Seite 42–43 dürfen Sie jetzt vergessen. Sie können wieder alles essen und trinken, was Ihnen Spaß macht. Allerdings gibt es eine Ausnahme: Wenn Sie Ihr Baby stillen, verzichten Sie bitte auf Alkohol.

Abwechslung im Speiseplan trainiert übrigens auch Babys Geschmacksnerven. Je nachdem

GUT ESSEN UND TRINKEN NACH DER SCHWANGERSCHAFT

- Kochen Sie möglichst oft selbst und verwenden Sie dabei reichlich frische Lebensmittel. Unsere Rezepte geben Ihnen dazu ein ideale Orientierung.

- Genießen Sie jeden Tag drei Portionen Gemüse oder Salat und zwei Portionen Obst. Davon kann eine Portion durch Saft oder Suppe ersetzt werden.

- Wählen Sie bei Brot, Nudeln und Reis möglichst oft die Vollkornvariante. Sie enthalten viele Ballaststoffe, die helfen, den Blutzucker stabil zu halten. Außerdem machen Sie lange satt und helfen beim Abnehmen.

- Essen Sie zu jeder Mahlzeit etwas Eiweißhaltiges wie Fleisch, Fisch, Milch und Milchprodukte, Eier, Aufschnitt.

- Wählen Sie auch bei den Fetten nur gute Qualität, z. B. Rapsöl, Olivenöl, Nussöle, Leinöl.

- Wenn Sie übergewichtig sind, bleiben Sie bei Milch- und Milchprodukte sowie Fleisch und Wurst bei den fettreduzierten oder natürlicherweise mageren Produkten.

- Gehen Sie sparsam mit Zucker, Süßigkeiten und fett- oder zuckerreichen Snacks um.

- Naschen Sie nicht zwischendrin sondern stets direkt nach einer Mahlzeit. Süßstoffe sind erlaubt, auch in der Stillphase.

- Trinken Sie reichlich kalorienfreie oder -arme Getränke, wie Wasser, ungesüßter Kräuter- oder Früchtetee oder Saftschorlen. Wenn Sie stillen, trinken Sie vor jeder Stillmahlzeit ein Glas Wasser. Pro Tag ist eine Trinkmenge von 2 bis 2,5 Litern günstig. Vorsicht vor coffeinhaltigen Getränken wie Kaffee, grüner und schwarzer Tee, Colagetränken oder Energydrinks. Ihr Baby trinkt mit! Verzichten Sie in der Stillzeit daher auch auf Alkohol.

- Solange Sie Ihr Kind häufig am Tag stillen, nehmen Sie fünf Mahlzeiten am Tag ein. Nach der Stillphase können auch drei Mahlzeiten pro Tag ausreichend sein.

- Während der Stillzeit braucht Ihr Körper ausreichend Jod. Essen Sie zweimal die Woche fettreichen Seefisch, würzen Sie die Speisen mit jodiertem Speisesalz und nehmen Sie jeden Tag eine Jodtablette mit 100 Mikrogramm Jod ein.

- Nehmen Sie im Winterhalbjahr täglich ein Vitamin-D-Präparat ein.

was Sie essen, schmeckt Ihre Milch ein bisschen anders. So lernt Ihr Baby von Anfang an die geschmackliche Vielfalt der Mahlzeiten in Ihrer Familie kennen.

Während der Schwangerschaft gehörten die Kohlenhydrate zu der Nährstoffgruppe, auf die Sie achten sollten. Sie tun sich etwas Gutes, wenn Sie kohlenhydratreiche Lebensmittel auch weiterhin im Blick behalten, auch wenn Ihr Blutzuckerspiegel wieder normal ist.

Diese Empfehlung ist besonders wichtig, wenn Sie übergewichtig sind. Denn Kohlenhydrate machen hungrig, rufen Heißhungerattacken hervor, füttern die Fettpolster im Körper weiter an und können das Abnehmen schwer machen. Der Diabetes ist jetzt zwar verschwunden. Aber er „schlummert" noch in Ihrem Körper und lässt sich durch Übergewicht gern wieder hervorlocken. Keine Sorge, Sie müssen sich jetzt nicht mehr um BEs oder KEs kümmern. Achten Sie bei den Kohlenhydraten einfach auf eine gute Qualität. Bevorzugen Sie solche mit einem niedrigen glykämischen Index (siehe Seite 27), die den Blutzucker nicht so hoch ansteigen lassen.

SCHWANGERSCHAFTSKLEIDUNG ADE

Schwangerschaftshosen, weite T-Shirts und Blusen können Sie jetzt ganz weit weg legen. Nach der Entbindung des Babys ist der Bauch viel flacher und der Körper um einige Kilos leichter. Natürlich ist Ihr Gewicht immer noch etwas höher als vor der Geburt. Der Körper hat einige Fettpolster für die aufregende Zeit danach angelegt. Wenn Sie vor der Schwangerschaft übergewichtig waren, ist es jetzt ein guter Zeitpunkt, um schlanker zu werden. Mit einem Gewicht im Bereich des Normalgewichts

(BMI zwischen 20 und 25, siehe Seite 23) stehen die Chancen sehr gut, dass sich die Zuckerkrankheit nicht mehr zeigt. Aber Schlankheitskuren und Crash-Diäten sind direkt nach der Entbindung tabu, vor allem, wenn Sie Ihr Baby stillen. Genießen Sie stattdessen eine abwechslungsreiche Mischkost, die viele gesunde Nährstoffe und wenig Kalorien enthält. Kurbeln Sie gleichzeitig den Kalorienverbrauch langsam wieder an. Machen Sie, sobald es geht, mit Ihrem Baby ausgedehnte Spaziergänge und nehmen Sie an einem Kurs für Rückbildungsgymnastik unter Leitung einer Hebamme oder eines Sportwissenschaftlers teil. Das unterstützt die Rückbildung der inneren Organe, bringt die überdehnten Muskeln, insbesondere die Bauch- und Beinmuskulatur, wieder in Form und tut der Verdauung gut. Wenn Sie per Kaiserschnitt entbunden haben, sollten Sie einige Wochen warten, bevor Sie mit diesem Beckenbodentraining beginnen. Nach einigen Monaten, wenn der Beckenboden wieder voll belastbar ist, können Sie wieder aktiver werden. Suchen Sie sich eine oder zwei Sportarten, die Ihnen Spaß machen und die Sie regelmäßig mehrfach die Woche betreiben können. Dadurch erreichen Sie schneller Ihr Wunschgewicht und schützen sich vor Diabetes und anderen Störungen im Stoffwechsel.

Frühstücksideen

RÜHREI MIT CHAMPIGNONS UND TOMATEN

FÜR 2 PORTIONEN

- 300 g Champignons
- 1 mittelgroße Zwiebel
- 1 EL Rapsöl
- 3 Eier
- 3 EL Frischkäse (30 % F. i. Tr.)
- 1 Tomate
- Salz, gemahlener schwarzer Pfeffer
- 2 EL Schnittlauchröllchen

1 Champignons putzen und je nach Größe halbieren oder vierteln. Die Zwiebel schälen und grob hacken. Öl in einer Pfanne erhitzen, Zwiebeln und Champignons dazugeben und einige Minuten andünsten.

2 Die Eier mit Salz, Pfeffer und Frischkäse verquirlen, über die Pilze gießen und unter vorsichtigem Rühren zu einer festen Masse stocken lassen.

3 Die Tomate waschen, würfeln und mit Salz und Pfeffer abschmecken. Das Rührei auf zwei Teller verteilen und mit Tomatenwürfeln und Schnittlauchröllchen garnieren.

PRO PORTION: 317 kcal; 20,6 g Eiweiß; 23,6 g Fett; 5,7 g Kohlenhydrate; 0,3 BE; 0,4 KE

KRABBENRÜHREI ▶

FÜR 2 PORTIONEN

- 100 g gepulte Nordseekrabben
- 2 TL Zitronensaft
- 4 Eier
- 4 EL Sahne (30 % Fett)
- 1 EL gehackter Dill
- 1 EL Butter
- Salz, gemahlener schwarzer Pfeffer
- 1 EL gehackte glatte Petersilie zum Garnieren

1 Die Krabben mit Zitronensaft beträufeln, salzen und pfeffern. Eier und Sahne mit Salz würzen, den Dill dazugeben und alles kräftig verquirlen.

2 Butter in der Pfanne zerlassen, die Eiermasse hineingießen und bei mittlerer Hitze stocken lassen, bis die Masse am Rand fest wird. Mit einem Kochlöffel oder Pfannenwender dabei immer wieder zusammenschieben.

3 Die Krabben einstreuen, untermischen und das Rührei fertig stocken lassen, dabei weiter vorsichtig rühren. Das Krabbenrührei auf zwei Teller verteilen und mit Petersilie garnieren.

TIPP: Krabben bzw. Garnelen können Sie auch während der Schwangerschaft ohne Bedenken essen, denn diese werden in der Regel vorgekocht angeboten. Wenn Sie ganz sicher gehen wollen, sollten Sie die Krabben bzw. Garnelen vor dem Verzehr für einige Minuten auf über 70 °C erhitzen.

PRO PORTION: 366 kcal; 24,9 g Eiweiß; 27,8 g Fett; 4,5 g Kohlenhydrate; 0,3 BE; 0,4 KE

STRAMMER MAX

FÜR 2 PORTIONEN

- 2 Scheiben Roggenvollkornbrot
- 2 TL Butter
- 4 Scheiben gekochter Schinken
- ½ Karton Kresse
- 2 Tomaten
- 2 Eier
- Salz, gemahlener schwarzer Pfeffer

1 Das Brot mit der Hälfte der Butter bestreichen und mit dem Schinken belegen.

2 Die Kresse abschneiden, gut waschen und trocken schütteln. Die Tomaten waschen und in dünne Scheiben schneiden. Brot mit Kresse bestreuen und mit den Tomatenscheiben belegen. Mit Salz und Pfeffer würzen.

3 Die zweite Hälfte der Butter in einer Pfanne bei mittlerer Hitze zerlassen und die Eier darin braten bis sie durchgegart sind (auch das Eigelb).

4 Spiegeleier auf die Schinkenbrote legen und eventuell noch etwas nachwürzen.

TIPP: Kaufen Sie Wurst und Aufschnitt nur in kleinen Mengen. Wenn Sie abgepackte Ware kaufen, wählen Sie solche, deren Haltbarkeitsdatum noch weit hinter dem Verbrauchsdatum liegt. Lagern Sie angebrochene Packungen stets im Kühlschrank und verbrauchen Sie sie innerhalb von 2 – 3 Tagen. Auf Rohwürste wie Salami, Teewurst, Cabanossi, Mettwurst oder rohen Schinken sollten Sie während Ihrer Schwangerschaft verzichten.

PRO PORTION: 213 kcal; 14,9 g Eiweiß; 12,2 g Fett; 10,9 g Kohlenhydrate; 1,0 BE; 1,2 KE

BEERENTELLER MIT KÄSE UND WALNÜSSEN

FÜR 2 PORTIONEN

- 2 Pfirsiche
- 300 g Brombeeren
- 15 Kapstachelbeeren
- 100 ml Orangensaft
- 60 g Emmentaler oder Greyerzer Käse
- 10 Walnüsse

1 Die Pfirsiche waschen, halbieren und entsteinen. Die Fruchthälften in Streifen schneiden. Die Brombeeren verlesen. Die Kapstachelbeeren aus der Hülle drehen, waschen, trocken tupfen und halbieren.
2 Die Brombeeren auf einem tiefen Teller verteilen, Pfirsichstreifen und Kapstachelbeeren darüberlegen. Den Orangensaft über das Obst gießen.
3 Den Käse in Streifen schneiden und auf das Obst legen. Die Walnusskerne halbieren und darüberstreuen.

TIPP: Walnüsse liefern hochwertiges Eiweiß, gesunde Fettsäuren und Folsäure.

PRO PORTION: 306 kcal; 12,5 g Eiweiß; 17,6 g Fett; 24,6 g Kohlenhydrate; 2,1 BE; 2,5 KE

KÖRNIGER FRISCHKÄSE MIT APRIKOSEN ▶

FÜR 2 PORTIONEN

- 6 Aprikosen
- 300 g Magerquark
- etwas Mineralwasser
- 100 ml Orangensaft
- 100 g körniger Frischkäse (30 % F. i. Tr.)
- 1 Spritzer Süßstoff

1 Die Aprikosen waschen, entsteinen und die Früchte in Spalten oder Würfel schneiden.
2 Den Quark mit etwas Mineralwasser und dem Orangensaft glatt und cremig rühren.
3 Den körnigen Frischkäse unterrühren, die geschnittenen Aprikosen hinzufügen und mit Süßstoff abschmecken.

TIPP: Süßstoffe sind eine Alternative zu Zucker. Sie liefern keine Kalorien, keine Kohlenhydrate und haben keinen Einfluss auf den Blutzuckerspiegel.

PRO PORTION: 365 kcal; 27,6 g Eiweiß; 16,4 g Fett; 23,2 g Kohlenhydrate; 1,9 BE; 2,3 KE

VOLLKORNPFANNKUCHEN

FÜR 2 PORTIONEN
(CA. 4 DÜNNE PFANNKUCHEN)

- 60 g Weizenvollkornmehl
- 1 Ei
- 125 ml Milch
- 2 TL Rapsöl oder flüssiges Kokosfett
- 1 Prise Salz

1 Backofen auf eine Warmhaltetemperatur von 50 °C vorheizen.

2 Das Mehl in eine Schüssel sieben. In einer separaten Schüssel das Ei mit der Milch, 1 TL Öl und Salz verschlagen. Die Flüssigkeit langsam mit dem Mehl verrühren bis ein glatter Teig entstanden ist. Den Teig etwa 20 Minuten ruhen lassen und noch einmal umrühren.

3 Etwas Öl in einer Pfanne erhitzen. Jeweils 2 EL des Teigs hineingeben und die Pfanne schwenken, damit er sich verteilt. Auf jeder Seite etwa 2 Minuten backen, bis der Pfannkuchen leicht gebräunt ist. Fertige Pfannkuchen im Backofen warm halten, während die restlichen Pfannkuchen backen.

TIPP: Servieren Sie die Pfannkuchen mit frischem Obst, Obstmus oder -kompott oder einer fruchtigen Quarkspeise. Sie lassen sich prima einen Tag aufbewahren. Lagern Sie sie nach dem Abkühlen im Kühlschrank und erwärmen Sie sie vor dem Essen kurz im Backofen oder der Mikrowelle. Auch kalt schmecken sie gut.

PRO PORTION: 219 kcal; 9,1 g Eiweiß; 10,7 g Fett; 21,3 g Kohlenhydrate; 1,8 BE; 2,1 KE

GUTE-LAUNE-DRINKS

Die nachfolgenden Drinks sind reich an gesunden Nähr- und Vitalstoffen und denjenigen zu empfehlen, die morgens nicht viel Zeit zum Frühstücken haben und erst das zweite Frühstück vollwertig und ausgiebig genießen möchten.

BEERENTRAUM

FÜR 2 PORTIONEN

- 100 g Himbeeren
- 100 g Erdbeeren
- 400 ml Buttermilch
- 1 Spritzer Süßstoff nach Belieben

Die Beerenfrüchte entstielen, waschen und mit der Buttermilch pürieren. Den Drink je nach Geschmack mit Süßstoff süßen.

PRO PORTION: 112 kcal; 10,7 g Eiweiß; 1,5 g Fett; 13,8 g Kohlenhydrate; 1,2 BE; 1,4 KE

NEKTARINEN-HEIDELBEER-SHAKE

FÜR 2 PORTIONEN

- 1 Nektarine
- 100 g Heidelbeeren
- Saft von ½ Zitrone
- 300 ml Dickmilch
- 1 TL frische Minzblätter

Die Nektarine waschen, entsteinen, evtl. häuten und in kleine Würfel schneiden. Mit Heidelbeeren, Zitronensaft, Dickmilch und Minzblättern im Mixer oder mit dem Pürierstab fein pürieren.

PRO PORTION: 121 kcal; 6,0 g Eiweiß; 2,7 g Fett; 16,5 g Kohlenhydrate; 1,4 BE; 1,6 KE

KRÄUTERBUTTERMILCH

FÜR 2 PORTIONEN

- 150 g Salatgurke
- 750 ml Buttermilch
- 2 EL gehackte frische oder tiefgefrorene Kräuter (z. B. Petersilie, Dill, Schnittlauch)
- 1 Prise abgeriebene Zitronenschale
- Salz, gemahlener schwarzer Pfeffer
- frische Kräuter zum Garnieren

Die Gurke schälen und grob würfeln, mit der Buttermilch und den Kräutern im Mixer glatt pürieren. Mit Salz, Pfeffer und geriebener Zitronenschale abschmecken, in zwei Gläser füllen und den Rand der Gläser mit einer Scheibe Gurke garnieren. Zur Dekoration frische Kräuter über die Buttermilch streuen.

TIPP: Wer es gerne scharf mag, kann einen Spritzer Tabasco untermixen.

PRO PORTION: 156 kcal; 14,0 g Eiweiß; 2,2 g Fett; 17,8 g Kohlenhydrate; 1,2 BE; 1,5 KE

FEINER APFEL-ZIMT-QUARK

FÜR 2 PORTIONEN

- 300 g Magerquark
- 50 ml Milch
- 2 Äpfel
- ½ TL Zucker
- 1 Prise Zimt

1 Quark und Milch verrühren. Äpfel waschen und schälen, das Kerngehäuse entfernen und fein reiben.

2 Die geriebenen Äpfel unter den Quark rühren und mit wenig Zucker und Zimt abschmecken.

TIPP: Der Apfel-Zimt-Quark schmeckt gut zu Vollkornpfannkuchen (s. S. 61) oder als Brotaufstrich.

PRO PORTION: 253 kcal; 20,0 g Eiweiß; 8,6 g Fett; 22,5 g Kohlenhydrate; 1,9 BE; 2,3 KE

BIRCHER-BENNER-MÜSLI

FÜR 2 PORTIONEN

- 80 g kernige Haferflocken
- 300 ml Milch
- 2 Äpfel
- 2 EL Nüsse oder Mandeln
- ½ TL Honig
- Obst zum Anrichten

1 Haferflocken in Milch einweichen. Die Einweichzeit der Haferflocken richtet sich nach Ihrem Geschmack. Wenn Sie sie über Nacht einweichen wollen, stellen Sie sie in den Kühlschrank.

2 Die Äpfel halbieren, Kerngehäuse entfernen und die Äpfel fein raspeln.

3 Äpfel zusammen mit Nüssen oder Mandeln und dem Honig unter die Haferflocken heben und auf zwei Teller oder Müslischalen verteilen.

TIPP: Wenn Sie ein Fertigmüsli kaufen, wählen Sie ein zuckerfreies Produkt.

PRO PORTION: 465 kcal: 13,1 g Eiweiß; 21,4 g Fett; 54,4 g Kohlenhydrate; 4,4 BE; 5,4 KE

HAFERBREI MIT ZIMT UND ZUCKER

FÜR 2 PORTIONEN

- 400 ml Milch
- 80 g kernige Haferflocken
- ½ TL Zucker
- 1 Prise Zimt

1 Milch aufkochen lassen und die Haferflocken einrühren. Topf vom Herd nehmen und die Haferflocken 3–4 Minuten quellen lassen. Dabei ab und zu umrühren.

2 Den Brei auf zwei Tellern anrichten und mit Zucker und Zimt bestreuen.

PRO PORTION: 272 kcal; 12,1 g Eiweiß; 9,8 g Fett; 33,2 g Kohlenhydrate; 2,8 BE; 3,3 KE

FRUCHTIGE VARIANTE

1 Apfel (120 g) reiben oder fein schneiden und unter den fertigen Brei rühren.

TIPP: Die Ballaststoffe in den Haferflocken werden durch das Garen bekömmlicher. Wenn Sie zu Blähungen neigen, ist dieses Gericht ideal.

PRO PORTION: 308 kcal; 12,3 g Eiweiß; 9,8 g Fett; 41,8 g Kohlenhydrate; 3,5 BE; 4,2 KE

WEIZENVOLLKORN-BRÖTCHEN

FÜR 12 PORTIONEN (24 BRÖTCHEN)

- ½ Würfel frische Hefe (20 g)
- 700 g Weizenvollkornmehl
- 1 TL Salz
- 2 TL Rapsöl zzgl. Fett für das Backblech
- Mohn, Sesam, Anis, Fenchel oder Kümmel je nach Geschmack

1 Hefe in 400 ml lauwarmes Wasser bröseln und darin auflösen. Vollkornmehl und Salz vermengen, Hefewasser und Öl dazugeben und alles zu einem geschmeidigen Teig verkneten. Den Teig mindestens 20–30 Minuten zugedeckt an einem warmen Ort gehen lassen, bis der Teig auf die doppelte Menge aufgegangen ist.

2 Den Teig erneut durchkneten, eine Rolle daraus formen und diese in sechs gleich große Stücke schneiden. Jedes Stück vierteln und daraus kleine Brötchen formen.

3 Die Brötchen auf ein gefettetes Backblech setzen. Die Oberfläche mit Wasser bepinseln und je nach Geschmack mit Samen wie Mohn, Sesam, Anis, Fenchel oder Kümmel bestreuen. Backofen auf 220 °C vorheizen und ein flaches, feuerfestes Gefäß mit Wasser gefüllt auf den Boden des Backofens stellen.

4 Die Brötchen nochmals 20 Minuten an einem warmen Ort gehen lassen, anschließend 15–20 Minuten backen.

TIPP: Die Brötchen schmecken ganz frisch am besten, aber sie lassen sich auch sehr gut einfrieren. Zu den Brötchen passen besonders gut unsere Brotaufstriche (siehe Seite 70).

PRO PORTION: 195 kcal; 7,5 g Eiweiß; 2,2 g Fett; 35,3 g Kohlenhydrate; 2,9 BE; 3,5 KE

NUSS-PAPRIKA-BROTAUFSTRICH

FÜR 4 PORTIONEN

- 125 g rote Paprika
- 2 TL Rapsöl
- 25 g gemahlene Haselnusskerne
- 50 g Frischkäse (30 % F. i. Tr.)
- 1 kleine Knoblauchzehe
- 1 EL gehacktes Basilikum
- Salz, gemahlener schwarzer Pfeffer, edelsüßes Paprikapulver

1 Die Paprika waschen, entkernen, klein würfeln und im heißen Öl einige Minuten weich dünsten, anschließend pürieren.

2 Gemahlene Nüsse in der Pfanne ohne Fett rösten.

3 Paprikapüree, Nüsse, Frischkäse, die gepresste Knoblauchzehe und Basilikum miteinander vermischen und mit den Gewürzen pikant abschmecken.

PRO PORTION: 111 kcal; 2,8 g Eiweiß; 10,5 g Fett; 1,6 g Kohlenhydrate; 0,1 BE; 0,1 KE

EIERAUFSTRICH MIT KRÄUTERN

FÜR 4 PORTIONEN

- 2 hartgekochte Eier
- 100 g weiche Butter
- ¼ Paprika
- ½ Zwiebel
- 1 TL gehackte frische oder tiefgekühlte Kräuter (z. B. Schnittlauch, Petersilie, Dill oder eine Kräutermischung)
- Salz

1 Die Eier halbieren, das Eigelb herausnehmen und mit der Butter in einer Schüssel glattrühren. Eiweiß fein würfeln. Paprika waschen, entkernen, den Strunk herausschneiden und vierteln, die Zwiebel schälen und halbieren, beides sehr fein hacken.

2 Eiweiß, Paprika und Zwiebel unter die Butter-Eigelb-Masse rühren. Mit den Kräutern und Salz abschmecken.

PRO PORTION: 226 kcal; 3,7 g Eiweiß; 23,6 g Fett; 0,6 g Kohlenhydrate; 0,1 BE; 0,1 KE

◂ FRÜHLINGSSCHNITTE

FÜR 2 PORTIONEN

- 6 Radieschen
- 50 g Magerquark
- etwas Mineralwasser
- 1 EL Schnittlauchröllchen
- 4 dünne Scheiben Vollkornbrot
- 100 g Corned Beef
- Salz, gemahlener schwarzer Pfeffer

1 Die Radieschen putzen, waschen und in dünne Scheiben schneiden. Den Quark mit etwas Wasser glatt rühren, die Radieschen und ½ EL Schnittlauchröllchen unterrühren. Mit Salz und Pfeffer würzen.

2 Die Brote mit dem Radieschen-Quark bestreichen, das Corned Beef in Streifen schneiden und auf dem Quark verteilen. Den restlichen Schnittlauch darüberstreuen.

PRO PORTION: 161 kcal; 16,5 g Eiweiß; 4,7 g Fett; 12,7 g Kohlenhydrate; 1,1 BE; 1,3 KE

FRUCHTIGES FRÜHSTÜCKSBROT

FÜR 2 PORTIONEN

- 1 Apfel
- 1 TL Zitronensaft
- 100 g Magerquark
- etwas Mineralwasser
- 2 TL Kokosflocken
- 2 Scheiben Vollkornbrot

1 Den Apfel waschen und vierteln, das Kerngehäuse entfernen und drei Apfelviertel grob raspeln. Das letzte Viertel in dünne Streifen schneiden. Alles mit Zitronensaft beträufeln.

2 Den Quark mit etwas Wasser glatt rühren. Apfelraspel und Kokosflocken untermischen. Die Brote mit dem Quark bestreichen und mit den Apfelstreifen belegen.

PRO PORTION: 150 kcal; 8,2 g Eiweiß; 4,7 g Fett; 18,1 g Kohlenhydrate; 1,0 BE; 1,2 KE

KÄSE-FRÜHSTÜCK

FÜR 2 PORTIONEN

- 4 Salatblätter (z. B. Kopfsalat)
- 1 kleine Paprika
- 1 kleine rote Zwiebel
- 1 Gewürzgurke
- 100 g Käse (z. B. Gouda)
- 2 Vollkornbrötchen
- 2 TL Butter

1 Salatblätter waschen und trocken schütteln. Die Paprika putzen, waschen und in Streifen schneiden. Die Zwiebel schälen und in dünne Ringe schneiden, die Gewürzgurke längs in feine Streifen schneiden. Die Rinde vom Käse entfernen.

2 Die Vollkornbrötchen halbieren und die Hälften jeweils mit Butter bestreichen. Auf die unteren Hälften Salatblätter, Paprikastreifen, Zwiebelringe, Gurkenscheiben und Käse verteilen. Die oberen Brötchenhälften daraufsetzen.

TIPP: Um sich vor Lebensmittelinfektionen zu schützen, sollten Sie während der Schwangerschaft keinen Käse aus Rohmilch essen. Sie erkennen ihn an dem Hinweis „aus Rohmilch hergestellt" auf dem Etikett. Lang gereifte Hartkäsesorten aus Rohmilch, wie z. B. Emmentaler, Bergkäse oder Parmesan, können Sie dagegen genießen.

PRO PORTION: 368 kcal; 18,7 g Eiweiß; 19,5 g Fett; 29,0 g Kohlenhydrate; 2,1 BE; 2,5 KE

Snacks

FEURIGE KNOBLAUCH-GARNELEN MIT SALAT

FÜR 2 PORTIONEN

Für die Knoblauchgarnelen

- 200 g frische oder tiefgekühlte Garnelen
- 2 Knoblauchzehen
- 1 rote Chilischote
- 50 ml Olivenöl
- Salz, gemahlener schwarzer Pfeffer

Für den Salat

- 1 Kopfsalat
- 50 ml Joghurt (3,5 % Fett)
- 50 ml Sahne (30 % Fett)
- ½ TL Zucker
- ½ EL Zitronensaft
- Salz, gemahlener schwarzer Pfeffer

1 Tiefgekühlte Garnelen in einem Sieb auftauen und anschließend trocken tupfen. Backofen auf 250 °C vorheizen. Knoblauchzehen schälen und grob hacken. Chilischoten halbieren, entkernen und in feine Ringe schneiden. Vorsicht, mit den Fingern nicht an die Augen kommen und die Hände danach gründlich waschen oder Einweghandschuhe benutzen.

2 Das Olivenöl zusammen mit Knoblauch und Chilischoten auf zwei kleine ofenfeste Formen verteilen, mit Salz und Pfeffer würzen. Die Garnelen darauf verteilen und etwas mit dem Würzöl vermengen. Die Garnelen im Backofen 5–7 Minuten garen.

3 Die Salatblätter waschen, putzen und anschließend trocken schleudern. Den Joghurt mit Sahne, Zucker, Zitronensaft sowie Salz und Pfeffer zu einem Dressing verrühren. Salatblätter in eine Schüssel geben und das Dressing vorsichtig unterheben. Den Salat zu den heißen Garnelen reichen.

TIPP: Sie können die Garnelen auch in einer Pfanne auf dem Herd zubereiten. Dazu bei starker Hitze 3–5 Minuten garen.

PRO PORTION: 399 kcal; 17,4 g Eiweiß; 35,0 g Fett; 5,1 g Kohlenhydrate; 0,1 BE; 0,2 KE

◄ FELDSALAT MIT SPECK UND CROÛTONS

FÜR 2 PORTIONEN

Für das Dressing

- 1 gekochte Kartoffel
- 1 Knoblauchzehe
- 1 EL Weißweinessig
- 2 EL Olivenöl
- 1 Prise Zucker
- Salz, gemahlener schwarzer Pfeffer

Für den Salat

- 250 g Feldsalat
- 1 Scheibe Vollkorntoastbrot
- 50 g durchwachsener Speck
- 20 g Butter
- gehackte glatte Petersilie zum Garnieren

1 Die gekochte Kartoffel in einem hohen Gefäß mit einer Gabel zerdrücken. Die Knoblauchzehe schälen, mit Essig und Öl dazugeben und alles mit dem Pürierstab pürieren. Das Dressing mit Salz und Pfeffer sowie eventuell einer kleinen Prise Zucker abschmecken.

2 Den Salat waschen, trocken schütteln und auf zwei Tellern anrichten. Das Toastbrot in kleine Würfel schneiden, in der Butter goldgelb rösten und über dem Salat verteilen. Den Speck würfeln, in der Pfanne kross braten und ebenfalls über den Salat geben. Das Dressing über den Salat träufeln und mit etwas Petersilie garnieren.

PRO PORTION: 418 kcal; 5,9 g Eiweiß; 40,2 g Fett; 8,9 g Kohlenhydrate; 0,6 BE; 0,7 KE

CHICORÉE IM SCHINKENMANTEL

FÜR 2 PORTIONEN

- 4 Chicorée
- 4 Scheiben gekochter Schinken
- 4 Scheiben Emmentaler oder Greyerzer Käse
- 150 ml Gemüsebrühe
- Salz, gemahlener schwarzer Pfeffer
- 1 EL gehackte glatte Petersilie zum Garnieren

1 Backofen auf 220 °C vorheizen. Chicorée waschen, vierteln, den Strunk entfernen und die Viertel eines Chicorée mit je einer Scheibe Schinken umwickeln.

2 Die umwickelten Chicorée in eine Auflaufform geben und die Käsescheiben darauflegen. Die Gemüsebrühe in die Auflaufform gießen und das Gemüse im Ofen 15–20 Minuten backen, bis der Käse leicht gebräunt ist.

3 Die überbackenen Chicorée auf zwei Tellern anrichten, mit etwas Brühe übergießen und mit Petersilie dekorieren.

PRO PORTION: 281 kcal; 23,2 g Eiweiß; 16,8 g Fett; 8,7 g Kohlenhydrate; 0,1 BE; 0,1 KE

PAPRIKA-KRAUT-SALAT MIT SAHNEDRESSING

FÜR 4 PORTIONEN

- 250 g Weißkohl
- 1 kleine grüne Paprika
- ½ Salatgurke
- 2 Frühlingszwiebeln
- 2 EL Olivenöl
- 1 EL Weißweinessig
- ¼ TL Selleriesalz
- ¼ TL Zucker
- 2 EL Sahne (30 % Fett)
- gemahlener schwarzer Pfeffer

1 Weißkohl vierteln, den Strunk und die äußeren Blätter entfernen und den Kohl in feine Streifen schneiden. Das geht am besten mit der Brotschneidemaschine oder mit einem Gemüsehobel. Den Kohl waschen, trocken schleudern und in eine Salatschüssel geben.

2 Die Paprika waschen, halbieren, entkernen, in sehr feine Streifen schneiden und zum Kohl geben. Die Gurke schälen, grob raspeln und ebenfalls dazugeben.

3 Die Frühlingszwiebeln putzen, waschen, fein hacken und untermischen.

4 Öl und Essig zusammen mit dem Selleriesalz, Zucker und Pfeffer kräftig verrühren und langsam die Sahne einträufeln, bis eine sämige Flüssigkeit entsteht. Eventuell mit etwas Salz nachwürzen.

5 Das Dressing über den Salat geben, gut durchmischen und ca. 30 Minuten ziehen lassen.

TIPP: Der Salat kann als Vorspeise oder auch als Beilagensalat gereicht werden. Er lässt sich im Kühlschrank gut bis zu 24 Stunden aufbewahren.

PRO PORTION: 114 kcal; 1,5 g Eiweiß; 10,1 g Fett; 4,2 g Kohlenhydrate; 0,0 BE; 0,0 KE

SCHICHTSALAT MIT SENFDRESSING

FÜR 2 PORTIONEN

- je 100 g rote, gelbe und grüne Paprika
- 150 g Zucchini
- 150 g Tomaten
- 5 EL Olivenöl
- 50 g rote Zwiebeln
- 2 EL Weißweinessig
- 2 TL mittelscharfer Senf
- 1 EL Ahornsirup (ersatzweise Honig)
- 1 Handvoll Basilikumblätter
- 100 g Käse (z. B. Gouda), gerieben
- Salz, gemahlener schwarzer Pfeffer

1 Paprika, Zucchini und Tomaten putzen und waschen, die Paprika halbieren, entkernen und in ca. 1 cm breite Streifen schneiden. Zucchini in dünne Scheiben schneiden. Paprika und Zucchini jeweils separat in 2 EL Olivenöl in der Pfanne rösten, beiseitestellen und abkühlen lassen.

2 Die Tomaten in dünne Scheiben schneiden, die Zwiebel schälen und in feine Ringe schneiden.

3 Das restliche Olivenöl zusammen mit dem Weißweinessig, dem Senf und dem Sirup sowie Salz und Pfeffer zu einem Dressing verquirlen.

4 Das Gemüse abwechselnd in eine Glasschüssel schichten. Jede Schicht mit etwas Dressing beträufeln und ein paar Basilikumblätter und Zwiebelringe darüber verteilen. Die letzte Schicht sollte aus Tomaten bestehen, darüber den Käse reiben. Anschließend den Salat ca. 1–2 Stunden ziehen lassen.

TIPP: Dieser Salat eignet sich sehr gut als Zwischenmahlzeit oder als kleines vegetarisches Hauptgericht.

PRO PORTION: 605 kcal; 15,4 g Eiweiß; 53,9 g Fett; 14,7 g Kohlenhydrate; 0,5 BE; 0,6 KE

SPARGEL MIT PARMESANSTREUSELN

FÜR 2 PORTIONEN

- 400 g Spargel
- 1 EL gehackte glatte Petersilie
- 2 EL Butter
- 20 g geriebener Parmesan
- Salz, gemahlener schwarzer Pfeffer

1 Backofen auf 180–200 °C vorheizen. Spargel schälen und den Stielansatz abschneiden. Je eine Hälfte des Spargels in ein Blatt kräftige Alufolie legen, mit Pfeffer, Salz und Petersilie bestreuen. Einige Butterflocken darauf verteilen, Parmesan darüber reiben und fest in die Folie einrollen.

2 Die Spargelpakete im vorgeheizten Backofen ca. 15–20 Minuten garen. Die Garzeit hängt davon ab, ob Sie den Spargel lieber bissfest oder durchgegart mögen.

TIPP: Dieses Gericht eignet sich auch gut als Beilage zu Steaks oder anderen Fleischgerichten. Wenn Sie die Mengen verdoppeln (also 4 Päckchen) und den Spargel noch in eine Scheibe gekochten Schinken einwickeln, erhalten sie eine leckere Hauptspeise. Spargel, der im eigenen Saft gegart wird, hat viel mehr Eigengeschmack.

PRO PORTION: 191 kcal; 7,4 g Eiweiß; 15,9 g Fett; 4,7 g Kohlenhydrate; 0,0 BE; 0,0 KE

PUTENBRATEN MIT SELBST GEMACHTER REMOULADE ▶

FÜR 2 PORTIONEN

- 60 g Salatblätter (z. B. Kopfsalat)
- 200 g Putenbraten
- 1 Gewürzgurke
- 1 kleine rote Zwiebel
- 1 hartgekochtes Ei
- 1 EL gehackte frische oder tiefgekühlte Kräuter (z. B. Petersilie, Dill, Schnittlauch)
- 2 EL Mayonnaise
- 2 EL Joghurt (3,5 % Fett)
- 1 EL Olivenöl
- 1 TL Weißweinessig
- ½ TL Zucker
- Salz, gemahlener schwarzer Pfeffer
- glatte Petersilie und Tomaten zum Garnieren

1 Salatblätter waschen, trocken schütteln und auf einer Servierplatte verteilen. Den Putenbraten in feine Scheiben schneiden, auf den Salatblättern anrichten. Die Gewürzgurke, die Zwiebel und das hartgekochte Ei sehr fein hacken und in eine Schüssel geben.

2 Kräuter, Mayonnaise, Joghurt, Öl, Essig und Zucker ebenfalls in die Schüssel geben, vorsichtig mischen, mit Salz und Pfeffer abschmecken und zum Putenbraten servieren. Mit etwas Petersilie und ein paar Tomatenstücken garnieren.

PRO PORTION: 368 kcal; 24,21 g Eiweiß; 28,1 g Fett; 5,28 g Kohlenhydrate; 0,1 BE; 0,2 KE

◂ GEGRILLTE ZUCCHINI MIT SALBEI UND ESTRAGON

FÜR 2 PORTIONEN

- 2 Zucchini (insgesamt ca. 300 g)
- 1 EL Olivenöl
- 1 EL Zitronensaft
- je 1 EL gehackter Salbei und Estragon
- Salz, gemahlener schwarzer Pfeffer

1 Zucchini waschen, den Stielansatz entfernen und jeweils längs in 6 Scheiben schneiden. Öl und Zitronensaft mit der Hälfte der Kräuter zu einer Marinade vermischen und mit Salz und Pfeffer würzen.

2 Die Zucchinischeiben mit der Marinade bepinseln und in einer Grillpfanne oder auf dem offenen Grill von jeder Seite 2–3 Minuten grillen, bis die Grillmarkierungen sichtbar sind.

3 Die gegrillten Zucchinischeiben mit den restlichen Kräutern bestreuen und auf einer Platte servieren.

PRO PORTION: 98 kcal; 3,1 g Eiweiß; 8,0 g Fett; 3,4 g Kohlenhydrate; 0,0 BE; 0,0 KE

AVOCADO MIT PIKANTER TOMATENFÜLLUNG

FÜR 2 PORTIONEN

- 1 Fleischtomate
- 1 kleine rote Zwiebel
- 1 EL gehackte glatte Petersilie
- 2 Avocados
- 1 TL Balsamicoessig
- 1 EL Olivenöl
- Salz, gemahlener schwarzer Pfeffer
- 2 große Salatblätter zum Servieren
- glatte Petersilie oder Kresse zum Garnieren

1 Tomate waschen, halbieren, entkernen und das Tomatenfleisch in feine Würfel schneiden. Die Zwiebel schälen, fein hacken und zusammen mit der Petersilie sowie Salz und Pfeffer in einer Schüssel mit den Tomatenstücken vermengen.

2 Die Avocados halbieren, den Stein entfernen und das Fruchtfleisch mithilfe eines Teelöffels aus der Schale kratzen. Das Avocadofruchtfleisch sofort in kleine Würfel schneiden und zusammen mit dem Balsamicoessig und dem Öl unter die Tomaten heben.

3 Die ausgehöhlten Avocadohälften auf je einem Salatblatt auf zwei Tellern anrichten und mit der Tomaten-Zwiebel-Avocado-Mischung füllen. Zur Dekoration etwas gehackte Petersilie oder Kresse über die Avocados streuen.

TIPP: Avocados enthalten reichlich gesunde Fettsäuren! Probieren Sie auch die dunkle, nussig-schmeckende Hass-Avocado. Avocados sind reif, wenn die Schale bei schwachem Druck leicht nachgibt. Das Fruchtfleisch der Avocado wird beim Kontakt mit Sauerstoff braun. Die Reaktion verändert zwar nicht den Geschmack, aber die Bräunung sieht nicht schön aus.

PRO PORTION: 191 kcal; 2,2 g Eiweiß; 17,7 g Fett; 6,2 g Kohlenhydrate; 0,0 BE; 0,0 KE

ÜBERBACKENE AUBERGINEN

FÜR 2 PORTIONEN

- 2 kleine Auberginen (insgesamt ca. 300 g)
- 2 Tomaten
- 1 Bd. Basilikum
- 60 g Mozzarella
- 3 EL Olivenöl
- Salz, gemahlener schwarzer Pfeffer

1 Backofen auf 200 °C vorheizen. Auberginen waschen, Stielansatz entfernen und der Länge nach in Scheiben schneiden. Die Tomaten halbieren, den Stielansatz entfernen und in dünne Scheiben schneiden. Basilikum waschen, trocken schütteln und die Blätter in Streifen schneiden. Den Mozzarella in dünne Scheiben schneiden.

2 Auberginen abwechselnd mit den Tomaten in eine kleine Auflaufform schichten. Jede Schicht mit etwas Basilikum bestreuen, mit Olivenöl beträufeln und mit Salz und Pfeffer würzen. Die geschichteten Auberginen mit dem Mozzarella belegen und im Ofen auf mittlerer Schiene ca. 30–40 Minuten garen, bis der Käse gut zerlaufen ist.

3 Die überbackenen Auberginen kurz abkühlen lassen, mit etwas Basilikum garnieren und lauwarm servieren. Sie lassen sich auch kalt gut genießen.

PRO PORTION: 314 kcal; 7,6 g Eiweiß; 29,2 g Fett; 5,9 g Kohlenhydrate; 0,1 BE; 0,1 KE

FLAMMKUCHEN MIT GEKOCHTEM SCHINKEN

FÜR 4 PORTIONEN

- 5 g frische Hefe (1/8 Würfel)
- 1 EL Rapsöl
- 120 g Mehl Type 405
- 125 g Schmand
- 50 g Joghurt (3,5 % Fett)
- 100 g gekochter Schinken
- 1 EL Schnittlauchröllchen
- Salz, gemahlener schwarzer Pfeffer

1 Die Hefe in 100 ml lauwarmen Wasser auflösen und zusammen mit Öl und Mehl zu einem Teig verarbeiten. Den Teig mit einem Handtuch abgedeckt auf der Heizung oder im Backofen bei 30 °C 20 Minuten gehen lassen, dann noch einmal durchkneten und weitere 20 Minuten gehen lassen.

2 Backofen auf 180 °C vorheizen. Den Teig zu einer Kugel formen und sehr dünn auf einem mit Backpapier belegten Backblech ausrollen. Schmand und Joghurt mit Salz und Pfeffer verquirlen und auf dem Teig verteilen. Den Schinken würfeln und ebenfalls auf dem Teig verteilen.

3 Den Flammkuchen 10–15 Minuten im Ofen backen, herausnehmen und mit Schnittlauch bestreuen.

4 Den Flammkuchen aus dem Backofen nehmen, etwas abkühlen lassen, in vier Stücke schneiden und auf einer Platte anrichten.

TIPP: Wenn es schnell gehen soll, können Sie auch anstelle des selbst gemachten Hefeteigs einen fertigen Hefeteig aus der Kühltheke verwenden.

PRO PORTION: 273 kcal; 9,5 g Eiweiß; 15,4 g Fett; 24,0 g Kohlenhydrate; 2,0 BE; 2,4 KE

ASIATISCHE LINSENSUPPE

FÜR 2 PORTIONEN

- 50 g Zwiebeln
- 750 ml Gemüsebrühe
- 100 g rote Linsen
- 1 EL Olivenöl
- ½ TL Chiliflocken oder ½ frische rote Chilischote
- je 1 Prise Kreuzkümmel und Kurkuma
- 1 Knoblauchzehe
- ½ rote Paprika (50 g)
- ½ gelbe Paprika (50 g)
- 1 Karotte
- ½ Bd. glatte Petersilie
- ½ Bd. frischer Koriander
- 50 g tiefgekühlter Blattspinat
- Salz, gemahlener schwarzer Pfeffer

1 Die Zwiebeln schälen und in feine Ringe schneiden. Die Brühe zusammen mit den Linsen, Zwiebelringen, Olivenöl, Chiliflocken und Gewürzen in einen Topf geben. Die Knoblauchzehe hineinpressen, Suppe aufkochen lassen und bei mittlerer Hitze 15 Minuten köcheln lassen.

2 Gemüse putzen und waschen, Paprika entkernen und in dünne Streifen schneiden, Karotte in dünne Scheiben hobeln. Petersilie und Koriander waschen, trocken schütteln und grob hacken. Den Spinat zusammen mit Paprika und Karottenscheiben in die Suppe geben und nochmals 15 Minuten köcheln lassen.

3 Die gehackten Kräuter in die Suppe geben und weitere 5 Minuten köcheln lassen, anschließend mit Salz und Pfeffer abschmecken und servieren.

PRO PORTION: 334 kcal; 14,6 g Eiweiß; 15,5 g Fett; 33,3 g Kohlenhydrate; 0,1 BE; 0,2 KE

Hauptgerichte

PAPRIKA-HACKFLEISCH MIT VOLLKORNNUDELN

FÜR 2 PORTIONEN

- 3 EL Olivenöl
- 300 g Rinderhackfleisch
- 1 große Zwiebel
- 2 Paprika
- 500 g Fleischtomaten
- 1 TL getrockneter Oregano
- 1 TL getrocknetes Basilikum
- 1 Knoblauchzehe
- 10 schwarze Oliven ohne Stein, aus dem Glas
- 100 g Vollkornnudeln (z. B. Spaghetti oder Fusilli)
- 40 g Parmesan
- Salz, gemahlener schwarzer Pfeffer

1 Olivenöl in einem Topf erhitzen, das Hackfleisch darin unter ständigem Rühren anbraten. Die Zwiebel schälen, hacken, zum Hackfleisch geben und mit andünsten. Paprika waschen, entkernen, hacken, in den Topf geben und unterrühren.
2 Tomaten waschen, halbieren, den Strunk entfernen und das Tomatenfleisch würfeln. Tomaten zum Hackfleisch in den Topf geben. Die Kräuter unterrühren, mit Salz und Pfeffer würzen und bei schwacher Hitze ca. 25 Minuten köcheln lassen. Den Knoblauch schälen, hacken, die Oliven vierteln hinzugeben und weitere 10 Minuten köcheln lassen.
3 In der Zwischenzeit die Vollkornnudeln nach Packungsangaben garen, abgießen und auf zwei Teller verteilen. Die Hackfleischsauce darübergeben und Parmesan frisch darüberreiben.

PRO PORTION: 881 kcal; 48,2 g Eiweiß; 54,4 g Fett; 49,3 g Kohlenhydrate; 2,9 BE; 3,5 KE

PAPRIKA GEFÜLLT AUF GRIECHISCHE ART ▶

FÜR 2 PORTIONEN

- 1 große Zwiebel
- 1–2 Knoblauchzehen
- 3 EL Olivenöl
- 3 Fleischtomaten oder eine kleine Dose gehackte Tomaten
- 100 g Reis
- ½ TL getrockneter Oregano
- 4 mittelgroße rote, gelbe oder grüne Paprika (insg. 200–220 g)
- 50 g schwarze Oliven ohne Stein, aus dem Glas
- 50 g Schafskäse
- Salz, gemahlener schwarzer Pfeffer

1 Backofen auf 170 °C vorheizen. Die Zwiebel und die Knoblauchzehen schälen, hacken und in dem Olivenöl in einer großen Pfanne glasig schmoren. Die Tomaten waschen, halbieren, den Stielansatz entfernen, fein hacken und in die Pfanne geben.
2 Reis, Oregano, Salz und Pfeffer dazugeben und bei niedriger Temperatur ca. 20 Minuten köcheln lassen, dabei ab und zu umrühren.
3 Die Paprika waschen, den Stielansatz abtrennen, die Paprika entkernen und aufrecht in eine ofenfeste Auflaufform stellen. Die Oliven in Scheiben schneiden, den Schafskäse zerbröseln und beides unter die Tomaten-Reis-Mischung heben. Die Paprika damit füllen und im Ofen 45 Minuten garen.

TIPP: Gefüllte Paprika eignen sich hervorragend dazu, in größeren Mengen zubereitet zu werden, um sie am nächsten Tag aufgewärmt als Beilage zum Beispiel zu Frikadellen zu genießen.

PRO PORTION: 534 kcal; 11,8 g Eiweiß; 32,2 g Fett; 48,1 g Kohlenhydrate; 3,2 BE; 3,8 KE

◄ JUNGER SPINAT MIT SPIEGELEI

FÜR 2 PORTIONEN

- 250 g Kartoffeln
- 1 Knoblauchzehe
- 1 kleine Zwiebel
- 1 EL Rapsöl
- 300 g tiefgekühlter, gehackter junger Spinat
- 2 EL gehackte frische oder tiefgefrorene Kräuter (z. B. Petersilie, Dill, Schnittlauch)
- 2 EL Butter
- 4 Eier
- Salz, gemahlener schwarzer Pfeffer, Muskat

1 Kartoffeln schälen, würfeln und bei mittlerer Hitze in einem Topf mit Wasser 25 Minuten garen.

2 Knoblauch schälen, hacken und beiseitestellen. Zwiebel schälen, fein hacken und in einem Topf zusammen mit dem Rapsöl anschwitzen. Mit einer halben Tasse Wasser ablöschen, den Spinat, die Kräuter und die Knoblauchzehe dazugeben und 6–8 Minuten bei schwacher Hitze köcheln lassen, dabei regelmäßig umrühren. Den Spinat mit Salz und Pfeffer abschmecken.

3 Kartoffeln abgießen, 1 EL Butter dazugeben, mit Salz, Pfeffer und Muskat würzen und die Kartoffeln in der Butter schwenken. Die restliche Butter in einer großen Pfanne zerlassen, die Eier darin von beiden Seiten anbraten, bis das Eigelb durchgegart ist.

4 Kartoffeln und Spinat auf zwei Tellern anrichten und mit den Eiern servieren.

PRO PORTION: 507 kcal; 23,4 g Eiweiß; 33,7 g Fett; 27,5 g Kohlenhydrate; 1,8 BE; 2,2 KE

TORTILLAS MIT AUBERGINEN- UND TOMATENFÜLLUNG

FÜR 2 PORTIONEN

- 1 Aubergine
- ½ TL Kräuter der Provence
- 2 EL Olivenöl
- 1 Fleischtomate
- 1 Zwiebel
- 1 rote oder grüne Chilischote
- 150 g Frischkäse (30 % F. i. Tr.)
- 3 EL gehackte glatte Petersilie
- 2 EL Schnittlauchröllchen
- 2 Tortillas (Fertigprodukt)
- Salz, gemahlener schwarzer Pfeffer

1 Auberginen in dünne Scheiben schneiden, salzen, mit Kräutern der Provence bestreuen und im Olivenöl von beiden Seiten kurz anbraten. Die Tomate waschen und fein hacken. Die Zwiebel schälen und fein hacken. Die Chilischote halbieren, entkernen, sehr fein hacken, mit der Tomate und den Zwiebeln verrühren und mit Salz und Pfeffer würzen.

2 Frischkäse, Petersilie und Schnittlauch verrühren und die Tortillas damit bestreichen. Auberginenscheiben drauflegen, die Tomaten-Zwiebel-Mischung darauf verteilen, aufrollen und servieren.

TIPP: Wer möchte, kann die Tortillas bei 100 °C im vorgeheizten Backofen 5 Minuten erwärmen.

PRO PORTION: 664 kcal; 18,8 g Eiweiß; 40,2 g Fett; 56,6 g Kohlenhydrate; 4,2 BE; 5,1 KE

SCHWEINERÜCKENSTEAK MIT STECKRÜBEN

FÜR 2 PORTIONEN

- 400 g Steckrüben (Kohlrüben)
- 200 ml Gemüsebrühe
- 2 Schweinerückensteaks (à ca. 180 g)
- 50 g durchwachsener Speck
- 1 EL Rapsöl
- 2 TL Honig
- 1 EL Balsamicoessig
- Salz, gemahlener schwarzer Pfeffer
- 1 EL Schnittlauchröllchen zum Garnieren

1 Steckrüben putzen und in Streifen schneiden. Die Brühe kurz aufkochen lassen und die Steckrübenstreifen darin ca. 20 Minuten zugedeckt bei mittlerer Temperatur köcheln lassen.

2 Schweinerückensteaks mit Küchenpapier abtupfen und mit Salz und Pfeffer würzen. Speck in Streifen schneiden und mit dem Öl in einer Pfanne anbraten bis die Streifen leicht gebräunt sind. Die Speckstreifen aus der Pfanne heben und die Steaks in dem heißen Fett 3–4 Minuten (je nachdem wie dick sie sind) von jeder Seite anbraten, aus der Pfanne heben und zugedeckt ruhen lassen.

3 In der Zwischenzeit die Steckrüben aus der Brühe nehmen und in der Pfanne mit dem Bratfett bei mittlerer Temperatur etwas anschwitzen. Den Honig und den Balsamicoessig auf die Steckrüben geben, vorsichtig wenden und in der heißen Pfanne ohne weitere Hitzezufuhr ein paar Minuten zeihen lassen.

4 Steckrüben auf zwei Tellern zusammen mit den Schweinerückensteaks anrichten, mit Salz und Pfeffer abschmecken und mit Schnittlauch garnieren.

PRO PORTION: 569 kcal; 43,27 g Eiweiß; 36,0 g Fett; 17,5 g Kohlenhydrate; 0,4 BE; 0,6 KE

SCHWEINEFILET MIT ERBSEN-KARTOFFEL-PÜREE

FÜR 2 PORTIONEN

Für das Erbsen-Kartoffel-Püree

- 100 g Kartoffeln
- 100 ml Sahne (30 % Fett)
- 1 EL Butter
- 200 g tiefgekühlte Erbsen
- Salz, gemahlener schwarzer Pfeffer, Muskat

Für die Schweinefiletmedaillons

- 300 g Schweinefilet
- 3–4 frische Minzblätter
  oder ½ TL getrocknete Minze
- 2 Knoblauchzehen
- 2 EL Olivenöl
- 1 TL Mehl (Type 405)
- 1 EL Zitronensaft
- 60 ml Rinderbrühe
- 1 EL Butter
- Salz, gemahlener schwarzer Pfeffer

1 Kartoffeln waschen, schälen, in kleine Stücke schneiden und in der Sahne mit der Butter ca. 10 Minuten im geschlossenen Topf dünsten. Die Erbsen noch gefroren zu den Kartoffeln geben und weitere 10 Minuten dünsten, bis beides weich ist.

2 Mit einem Kartoffelstampfer Erbsen und Kartoffeln zu Püree verarbeiten und mit Salz, Muskat und eventuell Pfeffer abschmecken.

3 Schweinefilet in ca. 1 cm dicke Scheiben schneiden und mit Salz und Pfeffer würzen. Frische Minzblätter waschen, trocken schütteln und hacken. Die Knoblauchzehen schälen und leicht zerdrücken.

4 Das Olivenöl in einer großen Pfanne erhitzen und das Fleisch zusammen mit dem Knoblauch ca. 2 Minuten von jeder Seite braten. Das Fleisch aus der Pfanne nehmen und warmstellen.

5 Das Mehl in den Bratensatz rühren, mit dem Zitronensaft und der Rinderbrühe ablöschen und unter Rühren eindicken lassen. Die Knoblauchzehen aus der Sauce nehmen und die Minze zusammen mit der Butter unterrühren.

6 Die Schweinefiletscheiben gemeinsam mit dem Erbsen-Kartoffel-Püree anrichten und die Sauce über das Fleisch geben.

PRO PORTION: 695 kcal; 42,5 g Eiweiß; 47,4 g Fett; 25,1 g Kohlenhydrate; 1,0 BE; 1,1 KE

GESCHNETZELTES MIT NUDELN UND SALAT

FÜR 2 PORTIONEN

- 350 g Schweinefilet
- 2–3 EL Zitronensaft
- 1 Kopfsalat
- 250 g Champignons
- 1 Zwiebel
- 1 Bd. glatte Petersilie
- 100 g Vollkornnudeln
- 150 g Joghurt (3,5 % Fett)
- 100 ml Sahne (30 % Fett)
- 2 TL Honig
- 1 TL Speisestärke
- 2 EL Olivenöl
- 1 Prise Zucker
- Salz, gemahlener schwarzer Pfeffer

1 Das Schweinefilet in dünne Scheiben schneiden, mit der Hälfte des Zitronensafts beträufeln und mit Salz und Pfeffer würzen. Salatblätter vom Strunk lösen, waschen und in einem Sieb abtropfen lassen. Die Champignons putzen, den Stiel etwas abschneiden und die Köpfe in Scheiben schneiden. Die Zwiebel schälen und in kleine Würfel schneiden. Die Petersilie waschen, trocken schütteln und hacken.

2 Für die Nudeln 3 Liter Wasser zum Kochen bringen, die Nudeln hineingeben und bei mittlerer Hitze 12–15 Minuten (Packungsangabe beachten) garen.

3 Die Hälfte des Joghurts, 1 EL Sahne, 1 EL Zitronensaft, Honig, Salz und Pfeffer zu einem Dressing für den Salat verrühren. Den restlichen Joghurt mit der restlichen Sahne und der Speisestärke zum späteren Andicken des Geschnetzelten verrühren.

4 Das Öl in einer Pfanne erhitzen und das Fleisch von beiden Seiten darin bei großer Hitze scharf anbraten. Das Fleisch aus der Pfanne nehmen und beiseitestellen. Pilze und Zwiebeln in die Pfanne geben und bei niedriger Hitze ca. 5 Minuten schmoren. Die Pilze mit der Petersilie bestreuen und mit der Sahne-Joghurt-Mischung andicken, mit Salz und Pfeffer (eventuell auch einem Spritzer Zitrone) und einer Prise Zucker abschmecken. Kurz aufkochen lassen, das Fleisch dazugeben und warm stellen.

5 Den Salat in eine Schüssel geben und das Dressing nach nochmaligem Umrühren darunterheben. Die Nudeln abgießen und zusammen mit dem Geschnetzelten in tiefen Tellern servieren.

PRO PORTION: 832 kcal; 55,1 g Eiweiß; 45,5 g Fett; 49,6 g Kohlenhydrate; 3,8 BE; 4,5 KE

SCHWEINESCHNITZEL MIT GURKEN-KARTOFFEL-SALAT

FÜR 2 PORTIONEN

Für den Kartoffelsalat

- 150 g Kartoffeln
- 50 g durchwachsener Speck
- ½ EL Rapsöl
- 1 kleine rote Zwiebel
- 1 EL Weißweinessig
- 50 ml Gemüsebrühe
- 1 mittelgroße Salatgurke
- Salz, gemahlener schwarzer Pfeffer

Für die Schnitzel

- 1 Tasse Paniermehl
- 40 g geriebener Parmesan
- 1 EL Vollkornmehl
- 1 Ei
- 4 Schnitzel vom Schweinelachsbraten, sehr dünn geschnitten (insg. ca. 300 g)
- 2 EL Rapsöl
- Salz, gemahlener schwarzer Pfeffer, Muskat
- Zitronenspalten und glatte Petersilie zum Garnieren

1 Die Kartoffeln schälen, in Scheiben schneiden und in 200 ml Wasser in einem zugedeckten Topf ca. 10 Minuten köcheln lassen.

2 Den Speck in Würfel schneiden und mit ½ EL Rapsöl goldgelb braten. Die Zwiebel schälen und in feine Ringe schneiden. Die Speckwürfel mit dem Bratenfett, dem Essig, der Gemüsebrühe und den Zwiebelringen in eine Salatschüssel geben. Die Kartoffelscheiben abgießen und ebenfalls in die Salatschüssel geben.

3 Die Salatgurke schälen und in die Schüssel hobeln. Den Salat nun vorsichtig mit dem Dressing vermischen und ca. 1 Stunde ziehen lassen. Mit Salz und Pfeffer abschmecken.

4 Paniermehl mit Parmesan, Salz, Pfeffer und Muskat mischen und auf einen flachen Teller geben. Das Mehl ebenfalls auf einem flachen Teller verteilen. Eigelb und Eiweiß auf einem weiteren Teller gut miteinander verquirlen.

5 Die Schnitzel trocken tupfen, von beiden Seiten in dem Mehl wenden und das überschüssige Mehl abklopfen. Die Schnitzel durch das Ei ziehen und im Paniermehl wenden. Das Rapsöl in einer großen Pfanne erhitzen und die Schnitzel bei mittlerer Temperatur von beiden Seiten braten, bis die Panade goldbraun ist.

6 Die Schnitzel und den Salat auf zwei Tellern anrichten und mit etwas Petersilie und je einer Zitronenspalte garnieren.

PRO PORTION: 818 kcal; 51,2 g Eiweiß; 52,3 g Fett; 35,8 g Kohlenhydrate; 2,7 BE; 3,2 KE

GEBRATENER SPARGEL MIT SCHWEINEMEDAILLONS

FÜR 2 PORTIONEN

- 300 g Schweinefilet
- 200 g festkochende Kartoffeln
- 800 g Spargel
- 3 EL Butter
- ½ TL Zucker
- Salz, gemahlener schwarzer Pfeffer
- 1 EL gehackte glatte Petersilie zum Garnieren

1 Das Schweinefilet in ca. 50 g schwere Scheiben schneiden, von beiden Seiten mit Pfeffer einreiben und ruhen lassen.

2 Die Kartoffeln unter fließendem Wasser gut abbürsten und mit Schale in reichlich Salzwasser ca. 15 Minuten kochen, aus dem Topf nehmen und abkühlen lassen. Den Spargel schälen, die holzigen Enden abschneiden und den Spargel in ca. 5 cm lange Stücke schneiden.

3 In einer Pfanne 2 EL Butter zerlassen und Spargelstücke und Medaillons darin bei mittlerer Hitze ca. 10 Minuten bissfest garen. Nach der Hälfte der Zeit mit einer Prise Salz würzen. Kartoffeln halbieren und mit dem Zucker in einer zweiten Pfanne in 1 EL Butter leicht bräunen.

4 Spargel, Fleisch und Kartoffeln auf zwei Tellern anrichten. Den Bratensaft aus der Pfanne mit 1 EL Wasser ablöschen und über das Fleisch träufeln. Zum Schluss die Petersilie über den Spargel und die Kartoffeln streuen.

PRO PORTION: 473 kcal; 43,2 g Eiweiß; 22,4 g Fett; 23,9 g Kohlenhydrate; 1,3 BE; 1,5 KE

◄ GEMÜSEEINTOPF

- 50 g durchwachsener Speck
- 3 EL Rapsöl
- 1 Bd. Suppengemüse
- 250 g Kartoffeln
- 300 ml Gemüsebrühe
- 1 TL getrockneter Majoran
- ½ TL Kümmel
- 250 g Wiener Würstchen
- Salz, gemahlener schwarzer Pfeffer
- gehackte glatte Petersilie zum Garnieren

1 Den Speck in Würfel schneiden und in dem Öl in einem Topf anbraten. Das Gemüse waschen, die Kartoffeln schälen, beides würfeln, zum Speck geben und unter Rühren 5 Minuten mit anbraten.
2 Mit der Gemüsebrühe ablöschen, Majoran und Kümmel dazugeben und ca. 20 Minuten bei mittlerer Hitze köcheln lassen.
3 Die Würstchen in den Eintopf geben und bei ausgeschaltetem Herd noch ca. 5 Minuten ziehen lassen. Mit Salz und Pfeffer abschmecken, den Eintopf in zwei tiefe Teller füllen und mit der Petersilie bestreuen.

PRO PORTION: 844 kcal; 23,5 g Eiweiß; 72,8 g Fett; 25,2 g Kohlenhydrate; 1,7 BE; 2,0 KE

WIRSINGEINTOPF MIT KASSELER

FÜR 2 PORTIONEN

- 400 g Wirsing
- 1 Zwiebel
- 2 EL Rapsöl
- 200 ml Gemüsebrühe
- 300 g Kasseler in Scheiben
- 3 Lorbeerblätter
- 1 TL Kartoffelstärke
- Salz, gemahlener schwarzer Pfeffer

1 Wirsing vierteln, Strunk entfernen, in Streifen schneiden, abspülen und abtropfen lassen. Zwiebel schälen und grob würfeln. Öl in einem großen Topf erhitzen, Wirsing und Zwiebeln unter ständigem Rühren darin anbraten, bis der Kohl und die Zwiebeln leicht gebräunt sind.
2 Mit der Brühe ablöschen, die Kasselerscheiben und die Lorbeerblätter dazugeben und bei kleiner Hitze ca. 30 Minuten köcheln lassen. Mit Salz und Pfeffer abschmecken, die Lorbeerblätter entfernen.
3 Vom Sud 3 EL abnehmen, in eine Tasse geben und mit der Stärke verrühren. Die Stärkemischung zurück in den Topf geben und den Eintopf mit der Stärke leicht andicken.

PRO PORTION: 390 kcal; 39,3 g Eiweiß; 20,9 g Fett; 10,8 g Kohlenhydrate; 0,2 BE; 0,3 KE

WÜRZIGER KABELJAU-GEMÜSE-TOPF

FÜR 2 PORTIONEN

- 400 g Kabeljaufilet
- 1 EL Zitronensaft
- 1 Fenchelknolle
- 1 rote Paprika
- 1 Aubergine
- 3–4 Frühlingszwiebeln (ca. 100 g)
- 2 Tomaten
- 1 Bd. Dill
- 1 Bd. glatte Petersilie
- 3 EL Rapsöl
- 200 ml Gemüsebrühe
- 100 g Reis
- 2–3 Lorbeerblätter
- 3 EL Sahne (30 % Fett)
- Salz, gemahlener schwarzer Pfeffer

1 Das Kabeljaufilet in mundgerechte Stücke schneiden, mit Zitronensaft, Salz und Pfeffer 25–30 Minuten marinieren lassen.

2 Das Gemüse waschen und putzen, die Fenchelknolle in Würfel schneiden, die Paprika und die Aubergine entkernen und ebenfalls in Würfel schneiden. Die Frühlingszwiebeln in feine Ringe schneiden, die Tomaten halbieren, den Stielansatz entfernen, entkernen und würfeln. Dill und Petersilie waschen, trocken schütteln und hacken.

3 Fenchel, Paprika und Aubergine mit dem Öl in einem Topf anschmoren, nach ca. 5 Minuten mit der Gemüsebrühe ablöschen und 10 Minuten köcheln lassen.

4 Währenddessen den Reis nach Packungsangabe garen und in eine Schüssel geben. Tomaten, Frühlingszwiebeln und die gehackten Kräuter sowie die Lorbeerblätter in den Gemüsetopf geben und nochmals 10 Minuten köcheln lassen.

5 Die Fischstücke dazugeben und bei schwacher Hitze 5 Minuten ziehen lassen.

6 Die Sahne hinzugeben, mit Salz und Pfeffer abschmecken und noch einmal kurz aufkochen lassen. Den Fischtopf zusammen mit dem Reis in Schüsseln servieren.

PRO PORTION: 723 kcal; 50,4 g Eiweiß; 35,1 g Fett; 50,9 g Kohlenhydrate; 3,2 BE; 3,8 KE

FALSCHER HASE
MIT GEMÜSEPÜREE

FÜR 2 PORTIONEN

Für den Hackbraten

- 1 Ei
- 1 Zwiebel
- 1 EL Paniermehl
- 50 ml Milch
- 300 g gemischtes Hackfleisch (halb Rind, halb Schwein)
- 1 EL Senf
- 1 EL gehackte glatte Petersilie
- 3 Scheiben Schinkenspeck
- Salz, gemahlener schwarzer Pfeffer

Für das Püree

- 250 g Knollensellerie
- 200 g Karotten
- 100 g tiefgekühlte Erbsen
- 200 ml Gemüsebrühe
- 2 TL Butter
- 50 ml Sahne (30 % Fett)
- 1 EL gehackte frische oder tiefgefrorene Kräuter (z. B. Petersilie, Dill, Schnittlauch)
- Salz, gemahlener schwarzer Pfeffer

1 Das Ei in ca. 7 Minuten hart kochen und anschließend pellen. Die Zwiebel schälen und fein hacken. Paniermehl und Milch zu einem Brei verrühren. Hackfleisch, Zwiebel, die Paniermehl-Milch-Mischung, Senf und Petersilie mit Salz und Pfeffer in der Küchenmaschine oder mit den Händen gut vermengen. Den Backofen auf 200 °C vorheizen.

2 Die Hackfleischmasse auf der Arbeitsfläche flach drücken, das gepellte Ei in die Mitte legen und das Hackfleisch zu einem länglichen Braten formen. Das Ei muss vollständig vom Hackfleisch umgeben sein.

3 Den Braten in eine ofenfeste Form legen, mit den Speckscheiben belegen und im Ofen 50–60 Minuten garen.

4 Sellerie und Karotten putzen, waschen und grob würfeln. Nach etwa der Hälfte der Garzeit des Hackbratens Sellerie, Karotten und Erbsen in der Gemüsebrühe ca. 30 Minuten garen. Die Hälfte der Brühe abgießen, die Butter und die Sahne zum Gemüse in den Topf geben und mit einem Stampfer zu Brei verarbeiten. Wer es sehr fein mag, kann das Gemüse auch mit einem Pürierstab pürieren. Die Kräutermischung unter das Püree rühren, mit Salz und Pfeffer abschmecken und zum Servieren in eine Schüssel geben.

5 Den Hackbraten aus der Form nehmen, etwa 5 Minuten abkühlen lassen, in ca. 1 cm dicke Scheiben schneiden und auf einer Platte anrichten.

PRO PORTION: 708 kcal; 46,4 g Eiweiß; 45,4 g Fett; 28,5 g Kohlenhydrate; 0,7 BE; 0,9 KE

RINDFLEISCH-CHILI MIT NACHOS

FÜR 2 PORTIONEN

- 300 g Rindfleisch (entweder Hüftsteak oder mageres Gulaschfleisch)
- 1 große rote oder weiße Zwiebel
- 1 große rote Paprika (ca. 200 g)
- 3 EL Olivenöl
- 300 g gehackte Tomaten aus der Dose oder frisch zubereitet
- 1–2 Lorbeerblätter
- ½ TL Kreuzkümmel
- 1 TL getrockneter Oregano
- 2 Knoblauchzehen
- 1 Chilischote
- 150 g Kidneybohnen aus der Dose
- 150 g Nachos
- Salz, gemahlener schwarzer Pfeffer

1 Fleisch in kleine Würfel schneiden. Zwiebeln schälen und grob würfeln. Paprika waschen, halbieren, entkernen und ebenfalls würfeln.

2 Das Öl in einem Topf erhitzen und das Fleisch darin scharf anbraten. Die Zwiebeln dazugeben und bei mittlerer Hitze ein paar Minuten mitschmoren. Die Tomaten- und Paprikawürfel dazugeben und Gewürze und Kräuter unterrühren. Die Knoblauchzehen pressen und gemeinsam mit der ganzen Chilischote in die Sauce geben. Das Chili 30–45 Minuten bei schwacher Hitze köcheln lassen. Die Kidneybohnen in einem Sieb abtropfen lassen, zum Chili geben und nochmals bei schwacher Hitze 10–15 Minuten ziehen lassen.

3 Das Chili mit Salz und Pfeffer abschmecken und zusammen mit den Nachos auf zwei Tellern anrichten.

ACHTUNG: Wer es nicht ganz so scharf mag, sollte die Chilischote, bevor sie in die Sauce kommt, halbieren und entkernen. Vorsicht, mit den Fingern nicht an die Augen kommen oder Einweghandschuhe anziehen.

PRO PORTION: 918 kcal; 44,9 g Eiweiß; 47,9 g Fett; 76,2 g Kohlenhydrate; 4,0 BE; 4,8 KE

LASAGNE

- 3 EL Olivenöl
- 300 g Rinderhackfleisch
- 150 g Sellerie
- 150 g Karotten
- 100 g rote Paprika
- 100 g Zwiebeln
- 250 g Tomaten
- 150 ml Gemüsebrühe
- 1 Knoblauchzehe
- 1 TL getrockneter Majoran
- 1 TL getrockneter Basilikum
- 1 TL edelsüßes Paprikapulver (wer es gerne scharf mag, kann auch Rosenpaprika verwenden)
- 30 g Butter
- 30 g Vollkornmehl
- 150 ml Milch
- 150 g Lasagneblätter (ca. 8 Stück)
- 100 g Käse (z. B. Gouda)
- Salz, gemahlener schwarzer Pfeffer, Muskat

1 Öl in einem Topf erhitzen, das Hackfleisch darin 3–5 Minuten scharf anbraten. Sellerie, Karotten, Paprika und Zwiebeln putzen bzw. schälen, in Würfel schneiden, zum Hackfleisch geben und 5 Minuten mitschmoren.

2 Tomaten waschen, Stielansatz entfernen, würfeln, in den Topf geben und mit der Brühe ablöschen. Den Knoblauch schälen, fein hacken und mit den Kräutern unterrühren. Die Sauce mit den Gewürzen abschmecken und ca. 15 Minuten köcheln lassen. Backofen auf 200 °C vorheizen.

3 In einer kleinen Pfanne die Butter zerlassen und das Mehl darin vorsichtig anschwitzen. Unter ständigem Rühren die Milch langsam dazugeben und kurz aufkochen lassen. Mit Salz, Pfeffer und Muskat abschmecken.

4 Etwas Hackmasse in der Form verteilen, dann die erste Schicht Lasagneblätter darauflegen, nochmals etwas Hackmasse verteilen und 1 EL helle Sauce darübergeben. Die restlichen Lasagneblätter und die restliche Hackmasse abwechselnd hineinschichten. Auf jede Schicht 1 EL der hellen Sauce verteilen. Mit der Fleischsauce und der hellen Sauce abschließen und den Käse darüberreiben.

5 Die Lasagne im vorgeheizten Backofen ca. 30–40 Minuten garen, bis der Käse leicht gebräunt ist.

PRO PORTION: 848 kcal; 40 g Eiweiß; 52,4 g Fett; 54,3 g Kohlenhydrate; 3,7 BE; 4,5 KE

RUMPSTEAK IN TOMATEN-PFEFFER-SAUCE

FÜR 2 PORTIONEN

Für die Rumpsteaks

- 2 Rumpsteaks (à ca. 180 g)
- 1 TL Rapsöl
- 1 EL eingelegte grüne Pfefferkörner
- ½ TL getrockneter Thymian
- 1 EL Balsamicoessig
- 150 g Kirschtomaten
- Salz, gemahlener schwarzer Pfeffer

Für die Sauce

- 200 g Karotten
- 200 g Kartoffeln
- 50 ml Sahne (30 % Fett)
- 1 Prise Salz

1 Die Steaks trocken tupfen, mit Pfeffer einreiben und bei Raumtemperatur ca. 1 Stunde ruhen lassen. Eine Pfanne (wenn möglich eine Steakpfanne) stark erhitzen, Rapsöl in die Pfanne geben und die Steaks bei starker Hitze von jeder Seite braten (Bratzeiten siehe Tipp). Die Steaks aus der Pfanne nehmen und zugedeckt ca. 5 Minuten ruhen lassen, damit sich der Saft im Fleisch gut verteilen kann.

2 Die Pfefferkörner mit einem Messer zerdrücken und zusammen mit dem Thymian in die Pfanne geben. Den Bratensaft mit etwas Wasser lösen, den Balsamicoessig dazugeben und leicht einkochen lassen. Die Cherrytomaten waschen, halbieren, in die Pfanne geben und ca. 4 Minuten in dem Sud schmoren.

3 Kartoffeln schälen, Karotten putzen, beides in Scheiben schneiden. In einem Topf mit Wasser zum Kochen bringen und bei mittlerer Hitze ca. 20 Minuten garen. Das Wasser abgießen, die Sahne dazugeben, mit einem Kartoffelstampfer zerdrücken und mit Salz abschmecken. Die Steaks mit Püree und Tomaten-Pfeffer-Sauce auf zwei Tellern anrichten.

TIPP: WÄHREND DER SCHWANGERSCHAFT SOLLTEN SIE DAS STEAK NUR GUT DURCHGEBRATEN („WELL DONE") GENIESSEN.

Bratzeiten pro Seite bei einem Steak von 180 – 200 g, in 2 – 3 cm dicken Scheiben:

Rare (stark blutig)	2 – 3 Minuten
Medium rare (blutig)	2,5 – 4,5 Minuten
Medium (mittel durch)	3,5 – 5 Minuten
Medium well (fast durch)	4 – 6 Minuten
Well done (ganz durch)	4 – 8 Minuten

PRO PORTION: 599 kcal; 56,8 g Eiweiß; 30,1 g Fett; 24,7 g Kohlenhydrate; 1,3 BE; 1,6 KE

BUNTER FRÜHLINGSSALAT MIT RINDFLEISCHSTREIFEN

FÜR 2 PORTIONEN

- 2 Hüftsteaks (à ca. 180 g)
- 1 TL Rapsöl
- 1 Salatherz
- 1 Karotte
- 100 g Kirschtomaten
- 1 Paprika
- ½ mittelgroße Salatgurke
- 2 EL Olivenöl
- 2 EL Mayonnaise
- 1 EL Zitronensaft
- 1 Frühlingszwiebel
- 1 Gewürzgurke
- 1 TL gehackte frische oder tiefgefrorene Kräuter (nach Geschmack)
- Salz, gemahlener schwarzer Pfeffer

1 Steaks trocken tupfen, mit dem Rapsöl einreiben, pfeffern und bei Raumtemperatur ca. 30 Minuten ruhen lassen.

2 Salatherz waschen, trocken schütteln und die Blätter in grobe Streifen schneiden. Die Karotte putzen und in feine Scheiben hobeln. Die Kirschtomaten vierteln. Die Paprika putzen, halbieren, entkernen und in feine Streifen schneiden. Die Salatgurke schälen, halbieren, entkernen und ebenfalls in Scheiben hobeln. Die Salatzutaten mischen und auf zwei Teller verteilen.

3 Das Olivenöl, die Mayonnaise und den Zitronensaft kräftig verrühren. Die Frühlingszwiebel putzen und fein hacken, die Gewürzgurke fein hacken. Beides mit der Olivenöl-Mayonnaise-Mischung verrühren, nach Belieben mit Kräutern, Salz und Pfeffer abschmecken und über den Salat träufeln.

4 Eine schwere Pfanne stark erhitzen, mit wenigen Tropfen Öl einpinseln und die Steaks darin von beiden Seiten 4–8 Minuten well done braten. Das Fleisch aus der Pfanne nehmen, 5 Minuten ruhen lassen, in dünne Streifen schneiden und über dem Salat verteilen.

PRO PORTION: 541 kcal; 43,0 g Eiweiß; 36,9 g Fett; 10,5 g Kohlenhydrate; 0,0 BE; 0,0 KE

HÄHNCHENBRUSTSTREIFEN AUF SOMMERSALAT

FÜR 2 PORTIONEN

- 1 Bd. Rucola
- 200 g Kirschtomaten
- 100 g Radieschen
- 2–3 Frühlingszwiebeln
- 3 EL Olivenöl
- 1 EL Weißweinessig
- 1 TL Honig
- 2 TL gehackte frische Kräuter (nach Geschmack)
- 2 Scheiben Graubrot-Toastbrot
- 1 EL Butter
- 1 EL Rapsöl
- 1 TL edelsüßes oder rosenscharfes Paprikapulver (nach Geschmack)
- 200 g Hähnchenbrustfilet
- Salz, gemahlener schwarzer Pfeffer
- glatte Petersilie zum Garnieren

1 Rucola, Tomaten und Radieschen putzen und waschen. Die Rucolablätter halbieren, die Kirschtomaten vierteln, die Radieschen in feine Scheiben schneiden und alles in eine Salatschüssel geben. Die Frühlingszwiebeln waschen, putzen, in feine Ringe schneiden und über den Salat streuen.

2 Das Olivenöl, den Essig und den Honig mit Salz und Pfeffer in eine kleine Schüssel geben und kräftig mit dem Schneebesen zu einem cremigen Dressing verrühren. Die Kräuter unterrühren und das Dressing über den Salat geben.

3 Das Toastbrot in kleine Würfel schneiden und in der Butter in einer Pfanne goldbraun braten. Die Brotwürfel etwas abkühlen lassen und über den Salat geben.

4 Das Rapsöl mit dem Paprikapulver und einer Prise Salz und Pfeffer verrühren und mit dem gewürzten Öl die Hähnchenbrustfilets einpinseln.

5 Die Hähnchenbrust von allen Seiten in der Pfanne 15–20 Minuten durchbraten. Die Garzeit ist abhängig von der Dicke der Hähnchenbrust. Das Fleisch aus der Pfanne nehmen, ca. 5 Minuten ruhen lassen und in Scheiben schneiden. Den Salat durchmischen auf zwei Salatteller verteilen und die Fleischscheiben darauf verteilen, mit Petersilie garniert servieren.

PRO PORTION: 518 kcal; 27,4 g Eiweiß; 38,1 g Fett; 16,6 g Kohlenhydrate; 0,9 BE; 1,1 KE

◀ ENTENBRUST MIT PIKANTEM BROKKOLI

FÜR 2 PORTIONEN

- 1 Entenbrust (ca. 300 g)
- 2 EL Rapsöl
- 1 Tasse Langkorn-Wildreis-Mischung
- 400 g Brokkoli
- 1 Zwiebel
- 1 EL ungesalzene Cashewkerne
- 75 ml Hühnerbrühe
- 1 EL Sojasauce
- Salz, gemahlener schwarzer Pfeffer

1 Entenbrust von beiden Seiten salzen. Eine Pfanne erhitzen, 1 TL Öl hineinträufeln und die Entenbrust darin zunächst auf der Hautseite stark anbraten. Die Hitze etwas reduzieren von beiden Seiten braten, bis die Haut schön kross ist. Das dauert je nach Dicke der Entenbrust ca. 10–15 Minuten.
2 Den Reis nach Packungsangabe garen. Den Brokkoli putzen, in Röschen teilen und diese in kochendem Salzwasser 1 Minute blanchieren. Die Zwiebel schälen und grob würfeln, Cashewkerne grob hacken.
3 Restliches Öl in einer zweiten Pfanne erhitzen, Zwiebeln und Brokkoliröschen darin schmoren, bis die Zwiebeln glasig sind. Das Gemüse mit der Brühe ablöschen, mit Sojasauce, Salz und Pfeffer abschmecken und die Cashewkerne unterrühren.
4 Die Entenbrust auf einer Servierplatte 3–4 Minuten ruhen lassen, mit einem scharfen Messer in Scheiben schneiden und mit etwas Gemüsebratensaft beträufeln. Mit dem Reis und dem Gemüse servieren.

PRO PORTION: 739 kcal; 39,2 g Eiweiß; 43,3 g Fett; 79,4 g Kohlenhydrate; 3,3 BE; 4,3 KE

HÄHNCHENBRUST AUF BLATTSPINAT UND LINSEN

FÜR 2 PORTIONEN

- 300 g Hähnchenbrustfilet
- 1 Prise Kreuzkümmel
- 1 EL Rapsöl
- 25 g gemahlene Mandeln
- 150 g rote Linsen
- 300 g tiefgekühlter Blattspinat
- 1 kleine rote Zwiebel
- 2 EL Olivenöl
- 2 TL Sojasauce
- je ½ Bd. frischer Koriander und Salbei
- ½ TL Chilipulver
- Salz, gemahlener schwarzer Pfeffer

1 Backofen auf 220 °C vorheizen. Kreuzkümmel, 1 Prise Pfeffer und Rapsöl zu einer Marinade verrühren und die Hähnchenbrust damit einpinseln. Das Fleisch mit den gemahlenen Mandeln bestäuben, in eine Auflaufform geben und im Ofen von jeder Seite 15 Minuten garen, dabei mehrfach wenden, damit die Mandeln nicht zu braun werden.
2 Die Linsen und den Spinat ca. 10 Minuten in einem Topf mit reichlich Wasser köcheln lassen. Das Wasser abgießen und Spinat und Linsen aus dem Topf nehmen. Die Zwiebel fein würfeln und in einem Topf in Olivenöl andünsten. Spinat und Linsen dazugeben und zusammen mit der Sojasauce, den Kräutern und je einer Prise Chilipulver, Salz und Pfeffer 5–7 Minuten schmoren.
3 Spinat auf zwei Teller verteilen, Hähnchenbrust in ca. 1,5 cm dicke Scheiben schneiden und auf dem Spinat anrichten.

PRO PORTION: 704 kcal; 60,8 g Eiweiß; 32,3 g Fett; 42,3 g Kohlenhydrate; 0,2 BE; 0,3 KE

THAI-CURRY (GRUNDREZEPT)

FÜR 2 PORTIONEN

- 250 g Hähnchenbrustfilet
- 400 g frische oder tiefgekühlte asiatische Gemüsemischung
- 1 rote oder grüne Chilischote
- 2 EL Rapsöl
- 2 EL rote Currypaste (aus dem Asialaden oder Supermarkt)
- 1 EL Sojasauce
- 1 EL Erdnussbutter
- ½ TL grob gemahlenes Chilipulver
- 200 ml Kokosmilch
- 6 gehackte Basilikumblätter
- 1 Tasse Reis (Basmati, Naturreis oder roter Reis aus dem Asialaden)

1 Das Fleisch in ca. 2 x 2 cm große Würfel schneiden, das Gemüse waschen, putzen und ebenfalls würfeln. Die Chilischote hacken. Wer es nicht so scharf mag, sollte vorher die Kerne entfernen. Hände danach gründlich waschen oder Einweghandschuhe verwenden.

2 In einer hohen Pfanne oder in einem Wok 1 EL Öl stark erhitzen, das Fleisch darin scharf anbraten. Nach ca. 4 Minuten das Gemüse mit der gehackten Chilischote dazugeben und weitere 5 Minuten bei mittlerer Temperatur schmoren lassen.

3 Gemüse und Fleisch aus der Pfanne heben. Das restliche Öl zusammen mit der Currypaste, der Sojasauce, der Erdnussbutter und dem Chilipulver kurz anschmoren und mit Kokosmilch ablöschen.

4 Basilikum, Gemüse und Fleisch in die Pfanne oder den Wok geben und weitere 10–15 Minuten bei geringer Temperatur köcheln lassen. Das Gemüse sollte noch Biss haben.

5 Parallel den Reis nach Packungsangabe zubereiten und gemeinsam mit dem Curry servieren.

TIPP: Bei diesem Curry-Grundrezept können Sie sowohl die Fleischzutaten (Geflügel, Schwein, Rind und sogar Fisch) als auch die Gemüsezutaten (Karotten, grüne Bohnen, Sojasprossen, Suppengemüse, Paprika etc.) variieren. So lassen sich vielfältige Geschmacksrichtungen zusammenstellen und Sie können wunderbar Reste aus dem Gefrier- oder Gemüsefach verarbeiten. Lassen Sie Ihrer Kreativität freien Lauf!
Je nach Fleischsorte verlängert (Rindfleisch) oder verkürzt (Fisch) sich die Garzeit.

PRO PORTION: 571 kcal; 41,0 g Eiweiß; 21,6 g Fett; 51,8 g Kohlenhydrate; 3,2 BE; 3,9 KE

HÄHNCHENBRUST NACH SPANISCHER ART

FÜR 2 PORTIONEN

- 2 EL Olivenöl
- 1 TL edelsüßes Paprikapulver
- ½ getrocknete Chilischote
- 1 Prise Zucker
- 2 Knoblauchzehen
- 1 Hähnchenbrust mit Haut und Knochen (ca. 400 g)
- 1–1½ Fleischtomaten (300 g)
- 200 g rote oder grüne Paprika
- 125 ml Gemüsebrühe
- 1 TL Zitronensaft
- 1 Zweig frischer oder ½ TL getrockneter Thymian
- 1 Lorbeerblatt
- 50 g schwarze Oliven ohne Stein, aus dem Glas
- Salz, gemahlener schwarzer Pfeffer

1 Backofen auf 180 °C vorheizen. Das Olivenöl mit dem Paprikapulver, der zerriebenen Chilischote, dem Zucker und etwas Salz und Pfeffer zu einer Marinade verrühren, Knoblauchzehe hineinpressen, nochmals umrühren und die Hähnchenbrust damit bestreichen. Die Hähnchenbrust in einem Bräter in den vorgeheizten Backofen schieben und ca. 30 Minuten vorbacken.

2 Die Tomaten waschen, halbieren, den Stielansatz entfernen, in grobe Würfel schneiden und in einem Sieb abtropfen lassen. Die Paprika waschen, halbieren, entkernen und in Streifen schneiden. Die Brühe mit dem Zitronensaft, Thymian und dem Lorbeerblatt verrühren.

3 Tomaten, Paprikastreifen und die Oliven zur Hähnchenbrust in den Bräter geben und alles mit der Brühe übergießen. Die Backofentemperatur auf 160 °C reduzieren, die Hähnchenbrust und das Gemüse weitere 60 Minuten im Backofen garen. Ab und zu mit einem Löffel oder einer Schöpfkelle Bratensud über die Hähnchenbrust träufeln.

4 Die Hähnchenbrust aus dem Bräter nehmen, das Brustfleisch vom Knochen lösen und je zur Hälfte zusammen mit Gemüse und Bratensud auf einem Teller anrichten.

PRO PORTION: 551 kcal; 42,7 g Eiweiß; 38,4 g Fett; 8,4 g Kohlenhydrate; 0,1 BE; 0,1 KE

PUTENBRATEN NIZZA

FÜR 2 PORTIONEN

- 300 g Putenbrust
- 200 g Schalotten
- 200 g Staudensellerie
- 200 g Lauch
- 1 Knoblauchzehe
- 300 g Kartoffeln
- je 1 Prise getrockneter Salbei, Rosmarin und Thymian
- 1 unbehandelte Zitrone
- 2 EL Olivenöl
- 200 g gehackte Tomaten aus der Dose
- 100 ml Gemüsebrühe
- 50 g schwarze Oliven ohne Stein, aus dem Glas
- Salz, gemahlener schwarzer Pfeffer
- 1 EL gehackte glatte Petersilie zum Garnieren

1 Backofen auf 200 °C vorheizen. Die Putenbrust trocken tupfen, rundum salzen und pfeffern. Schalotten schälen, Sellerie und Lauch putzen und waschen. Schalotten in Spalten, Sellerie und Lauch schräg in Scheiben oder Ringe schneiden. Knoblauch schälen und hacken. Kartoffeln schälen, waschen, längs halbieren.

2 Das Fleisch in eine große ofenfeste Form legen, Gemüse und Kartoffeln rundum verteilen, alles leicht salzen und pfeffern und die Kräuter über den Braten streuen. Zitrone heiß waschen, trocken tupfen, ca. 1 EL Schale abreiben und über den Braten streuen. Das Olivenöl über den Braten träufeln. Im Ofen auf mittlerer Schiene ca. 15 Minuten braten.

3 Tomaten und Gemüsebrühe zum Putenbraten geben und weitere 50–60 Minuten garen. Ab und zu den Braten mit dem Bratensaft begießen. 10 Minuten vor Ende der Garzeit die Oliven dazugeben.

4 Den Braten aus dem Ofen nehmen und einige Minuten auf einer Bratenplatte ruhen lassen. Mit einem scharfen Messer in Scheiben schneiden, mit dem Gemüse anrichten und mit etwas Petersilie garnieren.

PRO PORTION: 522 kcal; 44,8 g Eiweiß; 20,8 g Fett; 36,5 g Kohlenhydrate; 1,9 BE; 2,3 KE

LAMMRÜCKENFILET, BOHNEN UND SPECK

FÜR 2 PORTIONEN

- 300 g Lammrückenfilet
- 3 EL Olivenöl
- 4 EL grob gehackte mediterrane Kräuter (z. B. Rosmarin, Salbei, Thymian, Petersilie, Melisse, Majoran)
- 250 g grüne Bohnen
- 1 TL getrocknetes Bohnenkraut
- 2 große Frühkartoffeln
- 4 dünne Scheiben durchwachsener Speck
- 50 g Gouda
- Salz, gemahlener schwarzer Pfeffer

1 Das Lammfilet mit 1 EL Olivenöl einreiben und gut in den Kräuter wenden. Filet fest in einen Gefrierbeutel oder Frischhaltefolie wickeln und 12–24 Stunden im Kühlschrank marinieren lassen.

2 Die Bohnen waschen und in Salzwasser zusammen mit dem Bohnenkraut 10–15 Minuten bissfest garen. Die Kartoffeln ebenfalls in Salzwasser bissfest garen.

3 Das Lammfilet in 1 EL Olivenöl in einer Pfanne von allen Seiten 2–3 Minuten anbraten und anschließend in eine große Bratenform legen. Backofen auf 220 °C vorheizen.

4 Die gekochten Bohnen in vier Portionen teilen, jeweils fest in eine Speckscheibe wickeln und um das Fleisch in der Bratenform drapieren. Die vorgekochten Kartoffeln vierteln, ebenfalls in die Bratenform legen und mit 1 EL Öl einpinseln.

5 Den Käse über die Bohnen reiben und das Fleisch im Ofen in 25–30 Minuten garen, bis es durchgegart („well done") ist.

6 Bohnenpakete und Kartoffeln auf zwei Tellern anrichten, das Fleisch aus der Form nehmen, in Scheiben schneiden und ebenfalls auf den Tellern anrichten. Den Bratensud in der Form mit 2 EL Wasser lösen und über das Fleisch und die Kartoffeln träufeln.

PRO PORTION: 712 kcal; 44,4 g Eiweiß; 49,3 g Fett; 23,3 g Kohlenhydrate; 1,3 BE; 1,5 KE

LAMMKOTELETT MIT PILZRAGOUT

FÜR 2 PORTIONEN

- 200 g Champignons
- 10 g getrocknete Steinpilze (nach Geschmack)
- 1 kleine rote Zwiebel
- 3 EL Olivenöl
- 2 Knoblauchzehen
- 125 ml Gemüsebrühe oder 125 ml Wasser zum Einweichen der Steinpilze
- ½ TL getrockneter Rosmarin
- 6 Lammkoteletts (ca. 400 g)
- 250 g Kartoffeln
- 1 TL Butter
- 1 EL gehackte glatte Petersilie
- Salz, gemahlener schwarzer Pfeffer
- frischer Rosmarin zum Garnieren

1 Champignons putzen, den Stiel kurz abschneiden und die Pilze vierteln. Um den Pilzgeschmack zu intensivieren, können sie bei der Zubereitung auch 10 g getrocknete Steinpilze hinzufügen, die Sie vorher 30 Minuten in 125 ml Wasser quellen lassen. Das Pilzwasser aufbewahren.

2 Die Zwiebel schälen, grob hacken und in einem Topf mit 1 EL Öl schmoren, bis sie glasig ist. Die Pilze dazugeben und unter Rühren weitere 10 Minuten bei mittlerer Hitze schmoren. Die aufgequollenen Steinpilze fein hacken, zum Pilzragout geben und mit der Hälfte des Pilzwassers ablöschen. Sollten Sie keine Steinpilze verwenden, nehmen Sie statt des Pilzwassers die Hälfte der Gemüsebrühe.

3 Knoblauch schälen und in dünne Scheiben schneiden. In einer Pfanne den Rosmarin und die Knoblauchscheiben mit 1 EL Olivenöl bei schwacher Hitze schmoren (aromatisieren). Dann die Temperatur erhöhen und die Lammkoteletts von jeder Seite in dem aromatisierten Öl ca. 3 – 4 Minuten garen. Die Koteletts aus der Pfanne nehmen und mit Alufolie zugedeckt noch ein paar Minuten ruhen lassen. Den Bratensatz mit der restlichen Gemüsebrühe oder Pilzwasser ablöschen, leicht einkochen lassen und zum Pilzragout geben.

4 In der Zwischenzeit die Kartoffeln mit Schale in reichlich Salzwasser ca. 20 Minuten kochen, anschließend pellen, vierteln, in eine Schüssel geben und leicht mit der Gabel zerdrücken. Mit Butter, Salz, Pfeffer und der Petersilie würzen.

5 Das Pilzragout mit Salz und Pfeffer abschmecken, auf zwei Tellern anrichten und mit den Kartoffeln servieren.

PRO PORTION: 580 kcal; 49,0 g Eiweiß; 32,3 g Fett; 23,1 g Kohlenhydrate; 1,6 BE; 1,9 KE

ROTBARSCHFILET MIT PIKANTEM WEISSKOHL

FÜR 2 PORTIONEN

- 400 g Rotbarschfilet
- 1 EL Zitronensaft
- 600 g Weißkohl
- 250 g Lauch
- 50 g durchwachsener Speck
- 2 EL Rapsöl
- 100 ml Gemüsebrühe
- 100 ml Sahne (30 % Fett)
- 1 TL Kartoffelstärke
- 30 g Mehl
- Salz, gemahlener weißer und schwarzer Pfeffer, Muskat

1 Rotbarschfilet in vier Portionen zerteilen, mit Zitronensaft beträufeln und mit je einer Prise Salz und weißem Pfeffer würzen.

2 Den Weißkohl in feine Streifen schneiden, den Lauch in Ringe schneiden, beides zusammen unter fließendem Wasser abspülen und in einem Sieb abtropfen lassen.

3 Den Speck fein würfeln und mit der Hälfte des Rapsöls in einer großen Pfanne anbraten. Kohl und Lauch dazugeben und bei mittlerer Hitze ca. 5 Minuten schmoren. Mit der Gemüsebrühe ablöschen und weitere 5 Minuten köcheln lassen. Mit Salz, schwarzem Pfeffer und Muskat abschmecken.

4 Die Sahne mit der Stärke vermischen und unter das Kohlgemüse rühren. Das Gemüse, nachdem es leicht angedickt ist, von der Herdplatte nehmen.

5 Das restliche Öl in einer großen Pfanne erhitzen, Fisch mit Mehl bestäuben und in der Pfanne bei mittlerer Hitze von beiden Seiten goldgelb braten (je nach Dicke der Filets von jeder Seite 3–5 Minuten). Je zwei Fischstücke und die Hälfte des Kohlgemüses auf einem Teller anrichten.

PRO PORTION: 869 kcal; 55,0 g Eiweiß; 57,8 g Fett; 32,1 g Kohlenhydrate; 1,3 BE; 1,5 KE

LACHSFILET AUF MEDITERRANEM GEMÜSE

FÜR 2 PORTIONEN

- 1 Zweig frischer oder 1 TL getrockneter Thymian
- 1 Zweig frischer oder 1 TL getrockneter Rosmarin
- 3 EL Olivenöl
- 1–2 TL Zitronensaft
- 1 TL rosenscharfes Paprikapulver
- ½ TL Kreuzkümmel
- 1 Knoblauchzehe
- 1 Aubergine
- 1 Zucchini
- 1 Fleischtomate
- 1 rote oder grüne Paprika
- 1 mittelgroße rote Zwiebel
- 50 g schwarze Oliven ohne Stein
- 2 frische oder tiefgekühlte Zuchtlachsfilets (insg. 250–300 g)
- Salz, gemahlener schwarzer Pfeffer

1 Backofen auf 170 °C vorheizen. Frischen Thymian und Rosmarin waschen, trocken schütteln und hacken, dazu die Stängel entfernen. Das Olivenöl, den Zitronensaft und etwas Wasser zusammen mit den Kräutern und den Gewürzen zu einer Marinade verarbeiten, Knoblauch hineinpressen und verrühren.

2 Die Aubergine, die Zucchini und die Tomate waschen, jeweils den Stielansatz entfernen, halbieren, mit einem Teelöffel die Kerne auskratzen und das übrige Fruchtfleisch in grobe Würfel schneiden. Paprika waschen, entkernen und würfeln. Die Zwiebel schälen, halbieren und in feine Ringe schneiden.

3 Das Gemüse zusammen mit den Oliven in eine ofenfeste Form geben und mit der Hälfte der Marinade verrühren. Die Zuchtlachsfilets auf das Gemüse legen und mit der restlichen Marinade bestreichen. Das Gemüse und den Fisch etwa 45 Minuten im Ofen garen.

4 Das Lachsfilet halbieren und mit dem Gemüse auf zwei Tellern anrichten.

PRO PORTION: 453 kcal; 36,8 g Eiweiß; 30,0 g Fett; 8,8 g Kohlenhydrate; 0,0 BE; 0,0 KE

SCAMPI IN FEINER CRÈME-FRAÎCHE-SAUCE

FÜR 2 PORTIONEN

- 250 g tiefgekühlte Scampi
- 1 Zwiebel
- 1 Knoblauchzehe
- 1 rote Chilischote
- 1 EL Butter
- 1 TL Kartoffelstärke
- 150 ml Fischfond aus dem Glas
- 4 Tomaten
- 150 g Crème fraîche
- 100 g Reis
- 1 Prise Zucker
- Salz, gemahlener schwarzer Pfeffer, edelsüßes Paprikapulver
- gehackter Dill und Petersilie zum Garnieren

1 Scampi im Kühlschrank auftauen lassen. Zwiebel und Knoblauch schälen und fein hacken. Chilischote putzen, die Kerne entfernen und fein hacken. Vorsicht, mit den Fingern nicht an die Augen kommen oder Einweghandschuhe benutzen.

2 Die Butter in einer Pfanne zerlassen, Zwiebel, Knoblauch und Chiliwürfel darin glasig dünsten. Mit Stärke bestäuben und mit dem Fischfond unter Rühren ablöschen.

3 Die Tomaten waschen, halbieren, die Kerne entfernen, das Tomatenfleisch in Würfel schneiden und in die Sauce geben. Die Sauce ca. 10 Minuten unter Rühren einkochen.

4 Den Reis nach Packungsangabe garen. Die aufgetauten Scampi zusammen mit Crème fraîche in die Sauce geben und mit Paprikapulver, Zucker, Salz und Pfeffer abschmecken. Die Scampi in der Sauce 5 Minuten bei schwacher Hitze garen.

5 Scampi und Reis auf zwei Schüsseln verteilen und mit Dill und Petersilie garniert servieren.

PRO PORTION: 608 kcal; 26,1 g Eiweiß; 32,1 g Fett; 52,8 g Kohlenhydrate; 3,5 BE; 4,5 KE

REZEPTREGISTER

ALPHABETISCHES REZEPTREGISTER

LESETIPPS

Bücher

Kalorien mundgerecht,
Neuer Umschau Buchverlag

Heseker, H., Heseker, B.:
Die Diabetikertabelle,
Neuer Umschau Buchverlag

Mangiameli, F., Worm, N., Knauer, A.:
LOGI Guide,
Systemed

Internet

www.gesund-ins-leben.de
www.babycare.de
www.sportundschwangerschaft.de
www.kindergesundheit-info.de
www.waswiressen.de
www.stillen-info.de
www.dizonline.de (Menü Schwangerschaftsdiabetes)
www.diabetesde.org
www.fddb.info
www.glyx-tabelle.de

Apps

unter www.fddb.info